錢穆作品集

［新校本］

學籥

九州出版社

圖書在版編目（CIP）數據

學篇 / 錢穆著 . -- 北京 : 九州出版社 , 2022.3
ISBN 978-7-5225-0870-2

Ⅰ . ①學… Ⅱ . ①錢… Ⅲ . ①治學方法 - 研究 Ⅳ .
① G795

中國版本圖書館 CIP 數據核字 (2022) 第 046426 號

學篇

著　　者　錢　穆
責任編輯　安　安　張艷玲　周弘博
出版發行　九州出版社
裝幀設計　呂彥秋
地　　址　北京市西城區阜外大街甲 35 號
郵　　編　100037
發行電話　（010）68992190/3/5/6
網　　址　www.jiuzhoupress.com
印　　刷　三河市興博印務有限公司
開　　本　880 毫米 ×1230 毫米　32 開
印　　張　8
字　　數　180 千字
版　　次　2022 年 6 月第 1 版
印　　次　2022 年 6 月第 1 次印刷
書　　號　ISBN 978-7-5225-0870-2
定　　價　88.00 元

新校本說明

錢穆先生全集，在臺灣經由錢賓四先生全集編輯委員會整理編輯而成，臺灣聯經出版事業公司一九九八年以「錢賓四先生全集」為題出版。作為海峽兩岸出版交流中心籌劃引進的重要項目，這次出版，對原版本進行了重排新校，訂正文中體例、格式、標號、文字等方面存在的疏誤。至於錢穆先生全集的內容以及錢賓四先生全集編輯委員會的注解說明等，新校本保留原貌。

九州出版社

出版說明

近人論學，好尊西方，因美其名曰「科學方法」，一若中國古人為學無門徑方法可尋。錢賓四先生乃輯其過去所撰有關開示學者以治學之門徑與方法者，凡六篇（篇目見初版序目），彙為一册，名曰學籥，於一九五八*年自印於香港。是書上起孔子，以次朱子，下迄近代諸儒，並皆有所論列。又自一九六一年十月起，下迄一九六三年十月，前後兩年，先生為香港新亞研究所諸生絡續講演，專就治學門徑方法隨講命題，無次序，無系統，或屬泛論，或係偏指，如「歷史與地理」一講，驟視若與治學門徑方法無關，其實皆可觸類旁通，為治學綱領所繫。復有專申論語者，則因論語乃人人必讀書，又為必應精讀書，果能讀通一部論語，則其他亦更無不易讀之書也。先生意欲彙此諸篇為乙集，俾可與原編甲集合觀；而其事未果。其中若干篇章，遂分別收入後編之孔子與論語及中國學術通義二書中。學籥原編中本論語論孔學一文，以性質相近，亦移入孔子與論語。而本書之續編，因亦中輟。

*新校本編者注：原文為「民國」紀年。下同。

今全集重刊此書，乃秉先生原意，除本論語論孔學一篇外，保留原來五篇，並增入相關文稿七篇。讀此一編，古人為學門徑方法，大體可見。先生所論，與時賢有合有違，蓋所從入之門徑異，所運用之方法異，所造詣之境界自不相同。凡先生所述，若不盡符今世之繩尺，然欲稍窺中國古人境界，則終為不可忽也。

本書原收五篇仍據初版，並與增篇一律加入私名號、書名號等，以便讀者閱讀。凡新增各篇，目次中添注*號，不復分甲、乙集云。

本書由邵世光小姐負責整理。

錢賓四先生全集編輯委員會　謹識

目次

序目

本書凡收文六篇①。其第五篇成於民國二十四年，時北平各大學學生方發起一讀書運動，來徵文，原題名近百年來之讀書運動。舊稿散失，數年前由友人自臺北鈔寄，茲易今名。其餘諸篇，皆成

① 編者按：一九五八年初版時原收文六篇。今以整編先生全集之故，又增入同類之文七篇，並刪去另見孔子與論語一書中之本論語論孔學一篇，而共為十二篇。詳見出版說明。

於旅港以後，一九五五、一九五六年間。其第四篇，三十七年始作於江南大學，未經刊布，稿亦遺逸。今所收，則旅港後新作也。自念少孤失學，年十八，即抗顏為人師。蟄居窮鄉，日夜與學校諸童同其起居食息。常以晨昏，私窺古人陳編。既無師友指點，亦不知所謂為學之門徑與方法。冥索逾十載，始稍稍知古人學術源流，並其淺深高下是非得失。然僅以存之胸懷間，亦未敢輕有所論述也。嗣後稍有撰著，而終不敢輕談門徑方法。良以人之為學，才性既不同，機緣復互異，從入之道，難可一致。自審所窺有限，豈宜妄有主張，轉滋貽誤。頃年踰六十，少壯所志，十不償一；精力就衰，殆不能更有所深涉。而廁身師席，亦垂五十寒暑矣。平生微尚，所拳拳服膺，自以謂是者，舉以告人，義亦宜然。古人云：「登東山而小魯，登泰山而小天下。」「觀於海者難為水。」「取法乎上，僅得其中。取法乎中，僅得其下。」本書前兩篇述孔學之大體，第三、四篇述朱子讀書法。尼山、考亭，學之山海。高山仰止，景行行止。雖不能至，心嚮往之。管窺蠡測，所不敢辭。第五篇時近俗類，堪資借鏡。末篇乃當身感觸，私所抱負，亦以附焉。儻有好學之士，取而為法，亦為學入門之一途也。因名之曰「學籥」云爾。

一九五八年六月五日錢穆自識於九龍鑽石山寓廬

略論孔學大體

昔人常言孔、孟之學，又言儒學，言漢學、宋學，經學、理學，皆重言「學」。而近人好言孔子思想、儒家思想云云。竊謂中國本缺純思辨之哲學，故論思想必究其學術。若不問其學術所本，而遽求其思想所歸，則子貢已言之：「夫子之言性與天道，不可得聞。」顏回亦有「雖欲從之，末由也已」之嘆。今居二千五百年之後，而空談孔子思想，鮮不能使人無單薄空洞之感矣。

孔子之學，惟顏回言之最盡，曰「博文」，曰「約禮」。博文之大者，曰「六藝」，曰「詩、書」。孔子博學，執御執射，又曰：「我多能鄙事。」學而時習，皆游於藝之事也。近代科學繁興，各項工技日新月異，然其為藝也則一。若使孔子生今日，決不目為鄙事而不習。清儒顏習齋論此最深至。此孔學之一途也。

然習齋矯枉過正，不輕習藝而過斥讀書。其弟子李恕谷，已悟其非。顏、李之學不能大傳於後，亦習齋創議偏激，有以使然。子路曰：「何必讀書然後為學」，孔子已斥其佞矣。孔門教人讀書，首重詩、書。詩屬文，書屬史。不通文史而高論仁道，亦非孔學正軌也。

後儒博文之學，偏重詩、書經典，而忽射、御實藝。漢儒如鄭康成，宋儒如朱子，皆曠代大儒，亦文亦史，於書無所不曉。其他或偏文，或偏史，其博涉之程度有差等，要之皆有聞於博文之教。

「子以四教，文、行、忠、信。」博文必歸於約禮，於是有朱陸之異同。象山、陽明，其於依仁、據德之教，可謂易簡。然象山曰：「堯舜以前，曾讀何書來。」又曰：「使我不識一字，亦將堂堂地做一個人。」則於孔門博文之訓，仍不能謂無憾。

孔門四科，德行、言語、政事、文學。「顏淵問為邦」，「雍也可使南面」，此皆列德行之科。則孔門之所謂德行，修、齊、治、平，一以貫之，其極必至於能治國平天下。否則何以曰「用之則行，舍之則藏」？豈孝、弟、忠、信，而謂可以藏之不用者乎？故知宋儒論孔學，不論程、朱、陸、王，於依仁、據德之教，闡發良多，而於志道之義，則追求未切。龍川、水心之掎摭朱子，亭林、習齋之糾彈陽明，皆非無見而然也。

東漢諸儒，風標純美，此亦孔門約禮之一端也。清儒治經，考據明通，此亦孔門博文之一端也。然於儒風衰微之世，轉多通藝多才之士，或擅一技，精一能，或留意典章制度，能出而濟世用，其著者如唐、如元；此亦儒之一格也。

孔子曰：「可與共學，未可與適道；可與適道，未可與立；可與立，未可與權。」又曰：「吾道一以貫之。」自宋明理學諸儒興，然後非可與適道者，即不可與共學，而孔學之規模狹矣。自有清儒，謂惟訓詁考據始可盡儒學之能事，是乃可與共學，而終不能相與以適道，斯孔學之境界淺矣。

近儒偏尊清人之考據訓詁，而深斥經學與儒統，此又學術之一變也。其風忽焉，既不可久，亦有窺其弊而轉治宋學者，乃以談心說性拈為哲學思辨之題材；此又非孔門志道約禮之學之眞相也。

故孔子博學而能一貫。其博學也，必「游於藝」，「依於仁」，「據於德」。游於藝，必尚實習，求實用。依於仁，必施之於人道。據於德，必歸之於一己之德性。學必博，乃思以求通。所通者即道也。有小道焉，有大道焉。博弈亦有道，苟不多窺古人成局，不多與名家對手，若不於多變之中運吾思以求其通，而曰「吾知弈道」，斯必為無知之歸矣。故多學而一貫之者，乃道也。博學而能一貫之，斯其道大矣。道之大，可以通於天。然必據於德，非性所近，即不可據。又必依於仁，非人所近，即不可依。又必先游於藝，凡人世間一切藝，皆必依仁、據德而始成其為一藝者。故「游於藝」，乃為學之始事。「志於道」，乃為學之終極。賢者識其大，不賢者識其小。而夫子何所不學，又何常師之有。大哉孔子！斯其所以博學而無所成名也。

孔門之學，有始卒焉，有本末焉。今日而言尊孔子，莫過於廣共學之途。使人人游於藝，有時習之樂。進而博之，深之，教其依於仁，據於德，而志於道。實學光昌，大道宏通，則人得所安，性得所暢，而孔子之思想，亦即此而在，庶乎使學者亦可仰企於顏子之歎「欲從末由」之一境也。

（一九五六年九月二十八日為中央日報孔子誕辰紀念作，原題名略論孔學與孔道。）

朱子讀書法

在中國學術史上，若論博大、精微兼而盡之的學者，孔子以下，只有朱子，可算得第二人。孔子是大聖人，不當僅以學者論。而且孔子距我們時代遠了，他的成學經過，我們已無法詳考。朱子離我們時代近，他的治學經過，還可詳考而知。本文則只拈朱子的讀書法一項，加以闡說。朱子教人讀書法，紀錄留傳極多，後人有彙集之成專書者；本文則只擇其最精要語論列之。

一

或曰：「讀書須是有精力。」至之曰：「亦須是聰明。」曰：「雖是聰明，亦須是靜，方運得精神。蓋靜則心虛，道理方看得出。」

今按：讀書須精力，又須聰明，此義盡人皆知。朱子特別提出一個讀書的精神條件來，即是如何善為運用我之聰明與精力之條件。此一精神條件便是「靜」，靜則心虛，更喫緊的是在「心虛」上。

問：「易如何讀？」曰：「只要虛心以求其義，不要執己見。讀他書亦然。」

今按：心虛只是不執己見。若先執一個己見去讀書，便是心不虛。所見的將依然是己見，不會看出書中道理。則於自己無長進。

看書不可將己見硬參入去。須是除了自己所見，看他冊子上古人意思如何。

今按：此是讀書第一最要法門。朱子所謂「虛心」，略如今人所謂「客觀」。若讀書時硬將己見參入，便是心不虛，便不能客觀，而不能眞有所得矣。

大抵義理須是且虛心，隨他本文正意看。

今按：「且」字重要，「隨」字重要，「本文正意」四字更重要。如此讀書，看易實難。莊子云：「吾與之虛而委蛇。」心既虛了，又要隨他本書曲折，恁地去。

近日看得後生，只是教他依本子識得訓詁文義分明為急，自此反復不厭，日久月深，自然心與理會，有得力處。

今按：依本子反復不厭，又要識得本書上訓詁文義分明，此是讀書至要惟一法門。若驟讀一本書，便要求明得種種理，又要求於己有所得，此皆是心不靜。從來讀書，亦無此速化之法。

從頭熟讀，逐字訓釋，逐句消詳，逐段反復，虛心量力，且要曉得句下文意，未可便肆己見，妄起浮論。

看前人文字，未得其意，便容易立說，殊害事。

今按：「且要曉得句下文意」，此語重要。看書瞭解得書中本意，即是學問有所得。如何瞭解得書中意，便須隨其本文，反復不厭看。容易立說，只是己見。儘說了些己見，到底是於書無所得也。

凡讀書，先須曉得他的言詞了，然後看其說於理當否。今人多是心下先有一個意思了，卻將他人說話來説自家底意思。其有不合者，則硬穿鑿之使合。

今按：讀書莫要自己心下先有一個意思，此即不虚心也。不虚心人，便易把别人說話來說自己意思，最要不得。此等人將會終身學問無進步。

讀書如問人事一般，欲知彼事，須問彼人。今卻不問其人，只以己意料度，謂必是如此。

今按：此即是以主觀讀書。以主觀讀書，只會更增强主觀，外此必全無所得。

讀書若有所見，未必便是，不可便執着；且放在一邊，益更讀，以來新見。

今按：此條言讀書縱有得，仍不可執着。若便執着，便又成一種己見，又不心虚了。讀書工夫，便於此截止。故須放下，再求新見。所謂新見者，也仍是於反復再讀此書或讀另一書時又另有所見而已。讀此書有得有見，讀那書又有得有見，反復讀，又反復有得有見，此始是自己學問長進。

學者不可只管守從前所見，須除了方見新意。如去了濁水，然後清者出焉。

今按：從前所見，本亦是我讀書所得。但另讀新書，便須先將舊時所得者從心除去。譬如一無所知般，此即心虛也。如此始易有新見重入心來。否則牢守那舊所得者，便易成己見。一有了己見，便心不虛，不易再長進。

濯去舊聞，以來新見。

今按：讀書有見，不固執，不牢守，是濯去舊聞也。再讀新書，續有所得，即重來新見也。上舉各條，是朱子教人讀書最大綱領；朱子讀書法之最大精義，已盡於此。以下再逐層分析反覆詳説之。

二

聖人言語，皆天理自然，本坦白易明在那裏。只被人不虛心去看，只管外面捉摸。及看不得，便將自己身上一般意見説出，把做聖人意思。

今按：外面捉摸，便是不隨他本文正意看。書上本文正意，若你明白得它訓詁文義，本是坦白易明，不須再從外面添些子進去。朱子教人讀書，說來說去，只是戒人不要把自己意見當作書中意見而已。一語道破，實已再無其他深意也。

> 牽率古人言語，入做自家意中來，終無進益。

今按：牽率古人言語，入做自家意中來，似乎自家意見更圓成。其實仍是自家這一番意見，並無進益也。而且又把古人書中本意忽略誤解了。此病不淺，切戒切戒。

> 讀書別無法，只管看，便是法。正如呆人相似，捱來捱去，自己卻未要先立意見，且虛心，只管看。看來看去，自然曉得。

今按：讀書不能一看便曉，便且再看，再虛心反復看，舍此更無別法了。

> 須是胸次放開，磊落明快，恁地去。第一不可先責效。纔責效，便有憂愁底意。只管如此，胸

中便結眾一餅子不散。今且放置閒事，不要閒思量，只管去玩味義理，便會心精。心精便會熟。

今按：讀書先責效，是學者大病。駸快者，讀一書未透，早已自立說，自謂讀書見效，其實是無所得。篤厚者，未肯遽立說，卻謂讀書不見效，反增愁憂，此是心不寬。主要還在懂得先虛心，第一不要搶立說，第二不要問效驗。只就書看書，只辦此一條心，故謂之心精。心精便是只有此一心。心精了，書自熟。所謂「看來看去，自然曉得」也。此方法好像笨，正如獃人相似。然看書法門，卻只此一法，只此一門，別無其他法門。所謂「大巧若拙」，最獃最笨的，卻是最聰明最易見效的。有志讀書，千萬莫忽略了此義。

寬著心，以他說看他說，以物觀物，無以己觀物。

今按：朱子教人讀書，須心靜，須心寬，須心虛，須心精，其實只此一「心」。朱子的讀書法，其實即是朱子的「格物」法。就書看書，隨物格物，以他說看他說，此是最客觀的，此是最合科學方法的。如此看書，自明得書中道理。如此格物，也自易明得物理。卻莫先存了一番道理來看書格物。此義最喫緊。

或問：「讀書未知統要。」曰：「統要如何便會知得？近來學者，有一種則舍去册子，卻欲於一言半句上便見道理。又有一種，則一向汎濫，不知歸著處。此皆非知學者。須要熟看熟思，久久間，自然見個道理，四停八當，而所謂統要者，自在其中矣。」

今按：讀書即心急要求統要，此是心不寬。有些人，遂求於一言半句上即見出統要來，此如初格一物，便要明天理。其實此等統要與天理，仍只是己見耳。但放開心，不責效，又易泛濫；一書看了又一書，一物放過又一物，到底心中還是無所得。故看書須熟看熟思，儘在此書上多捱，捱得，自然有得也。

大凡人讀書，且當虛心一意，將正文熟讀，不可便立見解。看正文了，卻著深思熟讀，便如己說，如此方是。今來學者，一般是專要作文字用，一般是要說得新奇，人說得不如我說得較好，此學者之大病。譬如聽人說話一般，且從他說盡，不可勦斷他說，便以己意見抄說。若如此，全不見得他說是非，只說得自家底，終不濟於事。須如人受詞訟，聽其說盡，然後方可決斷。

今按：近代學人，最易犯此病。如讀論語，只抓得一言半句，如「民可使由之，不可使知之」，「唯女子與小人為難養也」等語，便濫肆批評，卻不問孔子論語二十篇，其他又說了些什麼？又如讀史，只說專制、不民主、封建、頑固、不開通，尋得一兩條證據，便謂中國歷史只如此，卻不再問一部二十四史，更又記載了些什麼？他自謂於孔子思想與中國歷史有所見，其實只見了他自己，此所謂「己見」也。

近日看得讀書別無他法，只是除卻自家私意，而逐字逐句只依聖賢所說，白直曉會，不敢妄亂添一句閒雜言語，則久久自然有得。

今按：此條「白直」兩字最緊要，須善會。不要妄添注腳，不要曲折生解。書上如何說，便依他如何說，這是「白直」。只有如此，纔是真「曉會」。若替他添說曲說，儘添進自己意見，便不白不直了。

上引諸條，是朱子教人讀書第一步。讀書須先知曉那書中說了些什麼，我知曉書中說了些什麼，便是學問有得，便是我增長了一番知識。

三

讀書只就那一條本文意上看，不必又生枝節。看一段，須反復看來看去，要十分爛熟，方見意味，方快活。令人都不愛去看別段，始得。人多是向前趲去，不曾向後反復。只要去看明日未讀的，不曾去細繹前日已讀底。須翫味反復始得。用力深，便見意味長，便受用牢固。

今按：朱子教人讀書，先要「白直曉會」，此事看易實難。既須能靜心、寬心、虛心、精心，又須能細繹反復，翫味爛熟，乃得此曉會。讀書如交友，交友熟，自然意味深，緩急有所恃。人遇熟友，自然心下快活，不成捨了熟友另去看生人。只想向前趲，亦是心不靜。懂得向後反復，纔有基址可守，纔有業績可成。朱子此一段話，眞值深深玩味也。

看文字，須子細，雖是舊曾看過，重溫亦須仔細。每日可看三兩段。不是於那疑處看，正須於那無疑處看，蓋工夫都在那上也。

今按：此條喫緊。讀書能白直曉會，纔能不旁生枝節。能不向前趲，纔能於無疑處仔細用工夫。當知此等境界，此等情況，都當先向自己心地上求。此即是「修心養性」，讀書做人，打成一片。如此讀書，纔始不是讀死書，纔始不是死讀書。當知朱子教人讀書，即已同時教了人如何修心做人，亦所謂「吾道一以貫之」也。

只是要人看無一字閒。那個無緊要底字，越要看。自家意裏說是閒字，那個正是緊要字。

今按：朱子讀書法，乃最科學者。人若懂得科學方法，便懂得此條意義深長。朱子讀書法，又是最藝術者。人若懂得藝術欣賞，亦自懂得此條之意義深長也。如此纔能白直曉會到極深處，纔能受用牢固。

讀書須讀到不忍舍處，方見得眞味。若讀之數過，略曉其義，即厭之，欲求別書看，則是於此一卷書，猶未得趣也。

今按：今人讀書，只顧要自己發意見。朱子教人讀書，只重在教人長趣味。此是莫大分歧點。然非先求心靜，則不易在書中得趣味。未得眞趣味，自然也不會有「不忍捨」之一境。此等皆當循序潛玩，莫輕作一番言語看過了。

某舊日讀書，方其讀論語時，不知有孟子。方讀學而第一，不知有為政第二。今日看此一段，明日且更看此一段，看來看去，直待無可看，方換一段看。如此看久，自然洞貫，方為浹洽。初時雖是鈍滯，使一件了得一件，將來卻有盡理會得時。若撩東搭西，徒然看多，事事不了。日暮途遠，將來慌忙，不濟事。

李先生云：「一件融釋了後，方更理會一件。」

今按：朱子以最鈍滯法教人，實乃是最快捷，最聰明之法。朱子本人，即是讀書最多，學問最廣，事事理會，件件精通，融釋浹洽，無不洞貫。此是過來人以金針度人，幸有志好學者，萬勿忽過。

讀書不貴多，只貴熟。

今按：我試為朱子此條下一轉語。讀書能熟自能多。如朱子本人便是一好例。若一向貪多，不求熟，則到頭茫然，只如一書未讀，此則更例不勝舉矣。

汎觀博取，不若熟讀而精思。

讀十通，與讀一通時終别。讀百通，與讀十通終自不同。

讀書須是窮究道理徹底。如人之食，嚼得爛，方可嚥下，然後有補。

今按：讀書熟須如嚼食爛，此條當與白直曉會相參。如喫一口飯，便將此口飯反復咀嚼，自然有味，此即白直曉會也。輕易吞下，不僅無味，而且成了胃病，從此再不喜食。戒之戒之。

大凡看文字，少看熟讀，一也。不要鑽研立説，但要反復體翫，二也。埋頭理會，不要求效，三也。

今按：此為朱子教人讀書三大綱領，學者須切記，並依此力行之。

少看熟讀，反復體驗，不必想像計獲。只此三事，守之有常。

讀書不要貪多，常使自家力量有餘。須看得一書徹了，方再看一書。

今按：看得一書徹了，是我力量能到處。時時只想看一書看得徹了，便會自覺力量有餘。若遽要博極羣書，遽要學窮精微，便心慌意亂了。當知只有看得一書徹了，纔是博極羣書法，亦纔是學窮精微法。連一書都看不徹，遑論其他。

凡讀書，且須從一路正路直去。四面雖有可觀，不妨一看，然非是緊要。

今按：讀書能從一路正路直去，便是對此書求能白直曉會也。不善讀書者，逐步四處分心，譬如行路，東眺西顧，不直向前。如此讀書，又便是心下不靜，慌張跳動，意見横生，趣味索然矣。

東坡教人讀書，每一書當作數次讀之。當如入海，百貨皆有，人之精力，不能兼收盡取，但得其所欲求者爾。故願學者每次作一意求之。如欲求古今興亡治亂，聖賢作用，且作此意求之，勿生餘念。又别作一次求事迹文物之類，亦如之。他皆放此。若學成，八面受敵，與慕涉獵者，不可同日而語。

今按：慕涉獵者讀書，只是浮光掠影；能八面受敵者讀書，乃處處周到。此甚不同，學者不可不細辨。

學記曰：「善問者如攻堅木，先其易者，後其節目。」所謂攻瑕則堅者瑕，攻堅則瑕者堅。不知道理好處，又卻在平易處。

今按：朱子教人讀書法，其實人人盡能，眞是平易，而其陳義之深美，卻可使人終身研玩不盡。即做人道理亦然，最美好處，亦總在最平易處也。

讀書不可兼看未讀者，卻當兼看已讀者。

今按：朱子此條，所謂「兼看」，謂方讀一書，旁及他書，同時兼讀也。當知兼讀已讀書，實有受用。兼讀未讀書，只是分心。心分了，便不易有受用。故每逢讀一新書，決當全神一志讀。只可兼讀舊書，萬不當同時又兼讀另一新書。

讀書只要將理會得處反復又看。

今按：讀書不貴多，貴使自己精力有餘，貴能於自己理會得處反復又看，貴能於那無疑處看，貴在自己看若無緊要處、閒處用工夫，貴先其易者，貴兼看已讀過的書，卻不宜兼看未讀過的書。此等皆朱子教人讀書秘訣。可謂金針度盡，風光狼藉，更無餘蘊矣。

上引諸條，可謂朱子教人讀書之第二步。若學者先辨得一片虛心，又能少讀熟讀，漸得趣味，到不忍舍處，此即是學問正確入門也。

四

或問：「看文字，為眾說雜亂，如何？」曰：「且要虛心，逐一說看去；看得一說，卻又看一說，看來看去，是非長短，皆自分明。」

今按：讀書至眾說雜亂，已是讀書漸多後始知之。然仍只有虛心，逐一說理會之，更無他法也。若真能虛心逐一說理會之，自見眾說各有是非長短，卻非自己容易立說，將己見硬參入去之謂。學者到此境界，當自辨之。

讀書須看上下文義，不可泥著一字。揚子「於仁也柔，於義也剛」，到易中又將剛配仁，柔配義。論語：「學不厭，智也。教不倦，仁也。」到中庸謂：「成己，仁也。成物，智也。」此等處，須各隨本文意看，便自不相礙。

今按：衆説雜亂，若能各隨本文意看，便見其不相礙。到此，心胸自開，意味自長。若硬要將自己意見參入，孰是孰非，執一廢百，只增長了自己意氣，於學問無涉也。

且依文看，逐處各自見個道理，久之自然貫通。

今按：能逐處各自依文看之，便見各自有個道理，不僅不相礙，久之自會通。此是自己學問長進，卻非先出己見來判斷衆説之比，學者當細參之。

凡看文字，衆家説有異同處，最可觀。如甲説如此，且撏扯住甲，窮盡其辭。乙説如此，且撏扯住乙，窮盡其辭。兩家之説既盡，又參考而窮究之，必有一眞是者出矣。

今按：讀書至是，始是不容得讀者不拿出眞見來。然仍是虛心逐一書白直曉會後，眞見自出。非是外面捉摸，於書中本意不徹了，卻硬把己意牽説曲説也。

學者讀書，須是於無味處當致思焉，至於羣疑並興，寢食俱廢，乃能驟進。因歎「驟進」二字最下得好，須是如此。若進得些子，或進或退，若存若亡，不濟事。如用兵相殺，爭得些兒，小可一二十里，也不濟事。須大殺一番，方是善勝。

今按：正因不先立己見，故至羣疑並興。正因羣疑並興，故須苦苦大殺一番。若一向以己意衡評一切，信了自己，不信別人，譬如入無人之境，將不見有敵，何須厮殺乎？學者當善體此意。莫謂不管事情曲折，不辨義理精微，只肆意一口駡盡古人，便是大殺善勝也。

看文字須是如猛將用兵，直是鏖戰一陣。如酷吏治獄，直是推戡到底。決是不恕他方得。

今按：若眞是不恕他，便須將他書中所說，細看熟看，連無疑處，無味處，不緊要處，閒處，逐一依他捱。捱來捱去，方得。所謂猛將酷吏，前面必有難勝強敵，難斷疑獄，始見本領。初學人驟難到此境界，萬勿輕肆己見，遽自認為如猛將酷吏。切記切記。

看文字如捉賊，須知道盜發處，自一文以上，贓罪情節，都要戡出。若只描摸個大綱，縱使知道此人是賊，卻不知何處做賊。

今按：學問至此，義理考據，一以貫之矣。近代學者，未讀宋儒書，便謂宋儒只講義理，不務考據。又謂宋儒所講義理，只憑主觀，不求客觀。此正如判人作賊，卻不全戡其贓罪情節也。

今世上有一般議論，成就後生懶惰。如云不敢輕議前輩，不敢妄立論之類，皆中怠惰者之意。前輩固不敢妄議，然論其行事之是非何害？固不可鑿空立論，然讀書有疑，有所見，自不容不立論。其不立論者，只是讀書不到疑處耳。

今按：讀書先貴徹了，徹了後自會疑，疑後自有見。有所見，自不容不立論。此是讀書循序漸進必有之境界。故朱子教人讀書且虛心，並非要人讀書老是無主見也。此層當細會。然今世上卻另有一般議論，成就後生懶惰，而並不如朱子此條所舉者。如云：「莫讓人牽著鼻子走」，「莫輕信前人」，「須自出手眼」之類。此亦中怠惰者之意。因從此可以不細心讀書，縱我對此書未徹了，仍可對此書作批評。

讀書無疑須教有疑，有疑者卻要無疑，到這裏，方有長進。

今按：自無疑到有疑，是一進。自有疑到無疑，又是一進。如此循環，乃可進進不休。

讀書須是看著他那罅縫處，方尋得道理透徹。若不見得罅縫處，無由得入；看見罅縫時，脈絡自開。

今按：朱子此條教人讀書須看著它罅縫處，其用心在求對此書道理透徹。今人教人看書中罅縫，卻是教人專尋書中破綻，並不是教人對此書透徹。此中大有辨，幸學者細辨之。

看文字，且依本句，不添字，那裏原有罅縫。如合子相似，自家只去抉開，不是渾淪底物，硬去鑿。亦不可先立說，牽古人意來湊。

今按：朱子教人讀書覓罅縫，此略如今人所謂分析法。硬去鑿，先立說，只是己見，與他書不相涉。

學者初看文字，只見個渾淪物事。久久看作三兩片，以至於十數片，方是長進。

今按：此即看出罅縫也。看出罅縫，只如打開合子，看出那書中所蘊義理體統，脈絡分明，則道理透徹矣。此仍是求瞭解，不是求推翻也。

熟讀後，自有窒礙不通處，是自然有疑，方可較量。今若先去求個疑，便不得。

今按：讀書生疑，仍自虛心熟讀白直曉會來。今人先要抱了疑，再去讀那書，自謂莫給他牽著我鼻子走；譬如先疑心他是賊，再和他打交道。實則如此讀書，深閉固拒，永無進益，眞又何苦來。

大抵今人讀書不廣，索理未精，乃不能致疑，而先務立說，此所以徒勞苦而少進益也。學者須是多讀書，使互相發明，事事窮到極致處。

今按：朱子教人讀書不貴多，卻又怪人讀書不廣。朱子教人讀書須白直曉會，卻又怪人索理未精。此等處，大可深味。是亦朱子語之罅縫處，讀者正貴由此生疑，由此透入。卻並不是教我們先疑了他話，又如何體會到他話中之深意乎？

上引諸條，可謂是朱子教人讀書之第三步。學者至此，讀書廣，索理精，殆已達於成學之階段矣。

五

讀書之法，須是用工去看。先一書費許多工夫，後則無許多矣。始初一書，費十分工夫，後一書費八九分，後則費六七分，又後則四五分矣。

今按：此朱子所以教人讀書，須用獃人捱法，而到後卻博學多通，成為唯一捷徑。

文字大節目，痛理會三五處，後當迎刃而解。學者所患，在於輕浮，不沉著痛快。

今按：輕浮故不沉著，不沉著故不痛快。今之狂昧者，又誤以輕浮為痛快，因此終身無入頭處。是皆不肯先虛心痛理會之過。

讀書須是普遍周滿。某嘗以為寧詳毋略，寧下毋高，寧拙毋巧，寧近毋遠。

今按：此又是朱子教人讀書四大綱領。若眞能詳、能下、能拙、能近，自然沉著，便見痛快矣。縱使後面是迎刃而解，仍當是普遍周滿處，不許有些小輕浮。

讀書而不能盡知其理，只是心粗意廣。

今按：心粗意廣便輕浮，縱有聰明，縱有精力，皆無所運使矣。又心粗便意廣，意廣便心粗，兩者亦互為因果。

今人看文字，多是以昏怠去看，所以不仔細。故學者且於靜處收拾，教意思在裏，然後虛心去看，則其義理未有不明者也。

今按：昏是不聰明，怠是無精力，其實則是心粗意廣，輕浮，不沉著，故使聰明精力無處使，遂成昏怠。朱子教人先於靜處收拾，讓自己意思在裏面了，再去看書。此仍是靜則心虛，道理方看得出之意。

今人所以讀書苟簡者，緣書皆有印本，多了。

今按：讀書苟簡之病，愈後愈甚。只一苟簡，則聰明精力皆退矣。苟簡引起昏怠，然昏怠亦引起苟簡，是仍互為因果。

看文字，須大段著精采看，聳起精神，樹起筋骨，不要困，如有刀劍在後一般。

今按：著精采看，便是聰明精力齊用。若懂得寧詳、寧下、寧拙、寧近，自然能著精采。能著精采看，自能不輕浮，不苟簡，不昏怠，而聰明精力亦汩汩然俱來矣。此等處，須學者善體。

人言讀書當從容翫味，此乃自怠之一說。譬之煎藥，須是以大火煮滾，然後以慢火養之，卻不妨。

今按：讀書須先懂得大火煮，待其滾，然後可用慢火養。此是至要法門。至於如何是大火煮，讀者細參本篇上引各條，當自知之。

某最不要人摘撮看文字，須是逐一段逐一句理會。

今按：今人讀書，多是摘撮，卻不肯逐段逐句理會，此屬大病。犯了此一病，以上所述朱子教人讀書法，種種都用不上。可歎也。

編次文字，須作草簿抄記項頭，如此則免得用心去記他。

今按：鈔寫筆記與讀書是兩項工夫，然非摘撮看文字。今人誤以鈔寫筆記當作讀書工夫，又以摘撮當編次，便永是苟簡，決不能沉著痛快矣。

寬著期限，緊著課程。

今按：此是朱子教人讀書最要工夫。學者須通參本篇前後所引各條，乃可曉會。

須是緊著工夫，不可悠悠。又不須忙。只常抖擻得此心醒，則看愈有力。

今按：朱子教人讀書工夫，即是養心工夫，又即是處事工夫。養得此心，自能讀書，自能處事。然此心又須在讀書處事上來養。所謂內外交相養，吾道一以貫之也。

小作課程，大施工力。

今按：此又是朱子教人讀書最要工夫。課程須縮小，便不犯意廣之病。課程須加緊，便不犯昏怠之病矣。工力須大施，便不心粗。期限須寬著，便不苟簡矣。

如會讀得二百字，只讀得一百字，卻於百字中猛施工夫理會，子細讀誦教熟。

今按：如此讀書，則斷無聰明不够、精力不足之患矣。自然著精采，自然長意味，自然生理解。此即所謂「寬著期限，緊著課程」，「小作課程，大施工力」。

如今日看得一版，且看半版，將那精力來更看前半版。

今按：此是讀書秘訣，盼天下聰明人切記。

如射弓，有五斗力，且用四斗弓，便可拽滿，己力欺得他過。

今按：讀書人千萬莫將自己意見淩駕在書本上，但卻不要將自己聰明精力遠落在書本後；能循此求之，讀一書，必有一書之得。一書既得，便可漸及羣書。此乃讀書要訣，千萬切記。

上引諸條，乃是朱子教人讀書，如何運用自己聰明精力處；乃是如何養心，如何格物窮理處。可以小做，可以大成。徹始徹終，都使用得。學者當以此入門下手，亦即以此到達終極境界，無二訣也。

六

曾見有人說詩，問他關雎篇，於其訓詁名物全未曉，便說：「樂而不淫，哀而不傷。」某因說與他道：「公而今說詩，只消這八字，更添『思無邪』三字，共成十一字，便是一部毛詩了。其他三百篇，全成渣滓矣。」因憶頃年，見汪端明，說沈元用問和靖：「伊川易傳何處是切要？」尹云：「體用一源，顯微無間，此似切要處。」後舉似李先生。先生曰：「尹說固好，然須是看得六十四卦，三百八十四爻，都有下落，方始說得此話。若學者未曾仔細理會，便與他如此說，豈不誤他！」某聞之，悚然。始知前日空言無實，不濟事。自此讀書益加詳細云。

今按：此條極重要，近人尤多犯此病。他們常譏宋儒空洞，不憑考據，空談義理。其實宋儒何嘗如此，即就朱子此一條便可見。而近人卻多犯了高心空腹、游談無根之病。即如他們批評中國思想，其實多是空洞，不憑考據，自發議論，其病遠超宋儒之上。若論其病根所在，則正在讀書方法上。故朱子此條，更是倍見重要。

讀六經時，只如未有六經，只就自家身上討道理，其理便易曉。

今按：此條尤喫緊。不要把自家意見硬參入書上去，卻要把書上說話反就自家身上討道理；此不僅讀六經，實是讀一切書皆該如此。宋儒尊經，亦為近人詬病，然朱子教人「讀六經時只如未有六經」之說，則近人便多不加理會。至如「反就自家身上討道理」之說，則更不易為近人接受矣。

經之有解，所以通經；經既通，自無事於解。借經以通乎理耳，理得則無俟乎經。

今按：宋儒尊經，朱子卻謂「理得則無俟乎經」。其實讀通一切書，便可無俟乎書。此層已是讀書到了最後境界。學人當知有此一境，卻不可驟企此一境也。

看經書與看史書不同。史是皮外物事，沒緊要，可以劄記問人。若是經書有疑，這個是切己病痛，如人負痛在身，欲斯須忘去而不可得。豈可比之看史，遇有疑，則記之紙耶？

今按：朱子戒學人莫先看史，其要旨在此。然此條當善看。如讀詩遇訓詁名物未曉，此亦是皮外，亦可劄記所疑於紙上，逢人好問。治史亦有通天人之際，明古今之變，大段切己病痛者。近人治學，專重劄記工夫，便全不感痛癢在身，此卻是大病痛。總之讀書生疑，必須有如負痛在身，欲斯須忘去而不可得，而又無法劄記問人者。宋儒治學，其最高境界在此。若清儒考據，幾乎全部可以劄記問人，此其異也。此是宋學精神崇高處，然已超出讀書方法範圍以外，此篇當不再詳論，而姑懸其大義於此。

上引諸條，朱子教人讀書而已侵入治學之另一範圍中去。當知讀書亦僅是治學範圍中應有一項目，並非僅知如何讀書，便盡治學之能事。本文姑於此提出此另一境界，以待學者之自為尋究焉。

（一九五五年十月香港孟氏圖書館講）

朱子與校勘學

一

朱子曠代巨儒，其學所涉，博大精深，古今無匹儔。以理學名高，其餘遂為所掩。即其詩文，亦巍然一世宗匠。其整理文學古籍，平生有三書。四十四歲成詩集傳，六十八歲成韓文考異，七十歲成楚辭集注。即就文學史範圍言，三書成績，已可卓然不朽。惟其詩、楚辭兩種，既已膾炙人口，傳誦迄今弗衰。而韓文考異，獨少為人稱道。然自有韓文，歷四百年，考異出而始勒成為定本。（韓愈卒西曆紀元八二四年，考異書成在南宋寧宗慶元三年，當西曆紀元一一九七年。）自有考異，迄今又近八百年，誦習韓文者，皆遵之，更少重定。蓋後儒於朱子詩、楚辭尚有諍辨，獨考異無間然。既羣相遵守，遂乃視若固然，而聲光轉闇也。茲篇特於考異獨加發揮，俾前儒之用心，重此展顯，而承學之士，亦有所取法焉。

自清儒標漢學之名，與宋樹異，存心爭雄長。其於訓詁、考訂、校勘，最號擅場。淺見謏聞者，羣目宋儒為空疏。不悟即論讀書精密，朱子實亦逴然遠越，非清儒可比。校勘雖治學末節，欲精其事，亦非兼深於訓詁考訂者不辦。朱子韓文考異成於晚年，學詣既邃，偶出緒餘，莫非精圓絕倫。雖若僅為校勘之末務，而訓釋之精，考據之密，清儒能事，此書實已兼備。本篇特就校勘一事粗為籀述，指示大例。庶尊宋學者，勿鄙此為玩物喪志，謂為不足厝懷。尚漢學者，亦破其壁壘，闢其戶牖，擴心胸而泯聲氣。知訓詁考訂校勘之業，亦復別有本源。凡其所得之淺深高下，將胥視其本原以為定。於以通漢、宋之囿，祛義理、考據門戶之蔽，而兼通幷包，一以貫之。此固朱子格物窮理之教之一端。則本篇之作，亦非僅為朱子考異一書作揄揚鼓吹而已也。

二

朱子韓文考異，乃就方崧卿韓集舉正重加覈訂。崧卿，莆田人，南宋孝宗時，嘗知臺州軍事，與朱子同時。其書入四庫。提要稱其書：

所據碑本凡十有七，所據諸家之書，凡唐令狐澄本，南唐保大本，秘閣本，祥符杭本，嘉祐蜀本，謝克家本，李昞本，參以唐趙德文錄，宋白文苑英華，姚鉉唐文粹，參互鈎貫，用力亦勤。

又曰：

自朱子因崧卿是書，作韓文考異，盛名所掩，原本遂微。越及元明，幾希泯滅。閻若璩號最博洽，亦未見此本。可稱罕觀之笈。

朱子所以繼方本而別有作者，其意備見於考異之序义。其文曰：

此集今世本多不同，惟近歲南安軍所刊方氏校定本，號為精善。別有舉正十卷，論其所以去取之意，又他本之所無也。然其去取，多以祥符杭本，嘉祐蜀本，及李、謝所據館閣本為定。而尤尊館閣本，雖有謬誤，往往曲從。他本雖善，亦棄不錄。至於舉正，則又例多而詞寡，覽者或頗不能曉知。故今輒因其書，更為校定。悉考眾本之同異，而一以文勢義理及他書之可證驗者決之。苟是矣，則雖民間近出小本不敢違。有所未安，則雖官本、古本、石本不敢信。又各詳著其所以然者，以為考異十卷，庶幾去取之未善者，覽者得以參伍而筆削焉。

考異亦收四庫，提要云：

其體例，本但摘正文一二字大書，而所考夾註於下，如陸德明經典釋文之例。於全集之外別行。至宋末，王伯大始取而散附句下。以其易於省覽，故流布至今，不復知有朱子之原本。其間譌脱竄亂，頗失本來。此本出自李光地家，乃從朱子門人張洽所校舊本繙雕，最為精善。光地没後，其版旋佚，故傳本頗少。

此為朱子韓文考異之原本。章實齋校讎通義有朱子韓文考異原本書後一篇，謂：

朱子韓文考異十卷，自王留耕散入韓集正文之下，其原本久失傳矣。康熙中，安溪李厚菴相國，得宋槧本於石門書家，重付之梓。校讎字畫，精密綦甚，計字十一萬七千九百有奇。諦審此書，乃知俗本增删，失舊觀也。

又曰：

古人讀書，不憚委曲繁重，初不近取耳目之便。故傳注訓故，其先皆離經而別自爲書。至馬、鄭諸儒，以傳附經，就經作注，觀覽雖便，而古法乃漸亡矣。至於校讎書籍，則自劉向、揚雄以還，類皆就書是正，未有辨論同異，離本文而別自爲書者。郭京周易舉正，自爲一書，不以入經，此尊經也，其餘則絕無其例。至宋人校正韓集，如方氏舉正，朱子考異，則用古傳注例，離文別自爲書。是皆後人義例之密，過於古人。竊謂校書必當以是爲法。刻古人書，亦當取善本校讎之，自爲一書，附刻本書之後。俾後之人，不憚先後檢閱之繁，而參互審諦，則心思易於精入。所謂一覽而無遺，不如反覆之覈核也。

今按：李光地覆雕宋本韓文考異，今亦甚少流傳，惟商務印書館涵芬樓影印宋刻五百家注音辯韓昌黎先生集，幷附考異十卷，亦宋本舊刻，有光緒二十二年丙申黃巖王棻跋一篇，謂：

右晦菴朱侍講先生韓文考異十卷，裝爲八册，皆有祁氏、朱氏、惠氏印。惟首册二卷係補鈔，止惠定宇名字二印。疑祁、朱二家所藏本全，至惠氏而失其首二卷，乃借他本，屬善書者倣鈔，而鈐以己印耳。其書當與五百家注同時所刊，惟每葉十八行，每行十七字，小注則十九字，與五百家注異。蓋本朱子原定行款也。今之學者，未窺許、鄭藩籬，輒詆宋儒爲空疏。未入蕭選堂奥，輒訾八家爲塵腐。觀朱子於韓公之文，一字一句，不肯輕易放過，其服膺昌黎，詁訓不茍如此，豈東漢六朝，所能駕二公而上之者耶！

又有無錫孫毓修跋云：

考異十卷，猶是朱子原本，未為王伯大所亂，更是罕見闕籍。自明山陰祁氏後，轉入惠、丁諸氏。卷中亦有竹垞印記，然考曝書亭跋語，則竹垞藏本，有論語筆解而無年譜考異，與此本不同。豈朱氏有兩本耶？抑此印為後人所加耶？

今姑略此諸小節勿論，而涵芬樓此本，與李光地翻雕之祖本仍不同，有可得而辨者。據四庫提要：

李氏翻雕本：乃從朱子門人張洽所校舊本。第一卷末有洽補注一條，稱：陪杜侍御游湘西兩寺詩，「長沙千里平」句，當作「十里」。言親至嶽麓寺見之，方氏及朱子皆未知。又第四卷末，洽補注一條，辨原性一篇，唐人實作「性原」；引楊倞荀子注所載全篇，證方氏舉正不誤，朱子偶未及考。又第七卷末有洽補注一條，辨曹成王碑中「搏力句卒」之義。皆今本所未載。

今按：涵芬樓本，首册二卷係補鈔，卷一末有陪杜侍御游湘西兩寺張洽補注一條云：

> 洽嘗至長沙，登嶽麓寺，見相識云：「長沙千里平」，「千」當作「十」，蓋後人誤增「一」也。州城方十里，坦然而平。湘西嶽麓寺乃獨在高處，下視城中，故云：「長沙十里平，勝地獨在險。」寺中道鄉亭觀之，信然。此朱先生及方氏所未及，漫誌於此，以備考訂。

而卷四、卷七皆無張洽補注。可知涵芬樓本非即張校本，其一二兩卷已佚去，而所從補鈔者，卻是張校本也。又其書除一二兩卷外，尚有殘缺。如卷六二十二頁，當韓集第二十二卷祭田横墓文，即殘缺半頁。二十二頁之後面，乃二十三頁之後半移前，而二十三頁之後半，則係二十四頁前面重複。此殆書估欲求彌蓋其書篇頁殘缺之跡，乃另覓他本剪黏。而同卷十四頁後半亦與十五頁前半重複，原刻明注：「此篇重了，錯誤，當看後篇。」殆是刻書時原已誤，未加毁板改正。此則更可怪。書估牟利，輕率如此，則古刻豈誠盡屬無誤可貴？即此已是治校勘者眼前一好例。然居今可以見朱子當時考異原書者，亦僅此一本矣。而此影本又復多誤字，蓋原本有模糊漫滅處，商務取以影印時，以己意妄加描寫而重以致譌；此當據考異別本細校。而今傳考異別本，亦屬影印本，其中仍多臨影描摹，而其譌更甚者。故必相互對校，庶可得考異原書之本眞。

王伯大考異別本，亦入四庫，提要云：

伯大字幼學，號留耕，福州人。理宗朝，官至端明殿學士，拜參知政事。伯大以朱子韓文考異，於本集之外，別為卷帙，不便尋覽，乃重為編次。離析考異之文，散入本集各句之下，刻於南劍州。又採洪興祖年譜辨證，樊汝霖年譜註，孫汝聽解，韓醇解，祝充解，為之音釋，附於各篇之末。厥後麻沙書坊以註釋綴於篇末，仍不便檢閱，亦取而散諸句下。蓋伯大改朱子之舊第，坊賈又改伯大之舊第，已全失其初。即卷首題「朱文公校昌黎先生集凡例十二條」者，勘驗其文，亦伯大重編之凡例，非朱子考異之凡例。流俗相傳，執此為朱子之本，實一誤且再誤也。然註附句下，較與文集別行者，究屬易觀。自宋以來，經典釋文，史記索隱，均於原書之外，別本各行，而監本經史，仍兼行散入句下之本，是即其例矣。

今按：商務印書館四部叢刊用元刊本影行朱文公校韓昌黎先生集，是即四庫提要所謂麻沙坊本，改亂王伯大南劍州本之舊第，一誤而再誤者也。而商務於臨影時，遇字迹漫滅模糊處，又率為鈎摹，更滋譌誤。是為再誤而三誤矣。

章實齋校讎通義有朱崇沐校刊韓文考異書後一篇，謂：

明萬曆中，朱子裔孫崇沐，取王伯大劍本重刻。此本行世最廣，而標名仍稱朱子韓文考異，學者不察，遂以王氏之書爲考異也。王氏此書，兼採樊、韓、孫、祝諸家之說，補綴考異之所不逮，良亦有功。其於考異全文，初無改竄，至字句小有異同，或爲傳寫之訛。

此爲朱子韓文考異之別本。除原本別本外，復有東雅堂刊韓集所附之節本。四庫提要引陳景雲韓集點勘書後云：

近代吴中徐氏東雅堂刊韓集，用宋末廖瑩中世綵堂本。其註採建安魏仲舉五百家註本爲多。復刪節朱子單行考異，散入各條下。皆出瑩中手也。

三

以上略敍考異原本、別本、節本竟。以下略論考異校勘之用意。朱子又自有一長序，備述其所以著考異之意。其言曰：

南安韓文，出莆田方氏，近世號爲佳本。予讀之，信然。然猶恨其不盡載諸本同異，而多折衷於三本也。原三本之見信，杭、蜀以舊，閣以官，其信之也則然。然如歐陽公之言，韓文印本初未必誤，多為校讎者妄改。觀其自言為兒童時，得蜀本韓文於隨州李氏，計其歲月，當在天禧中年，且其書已故弊脫略；則其摹印之日，與祥符杭本，蓋未知其孰先孰後，而嘉祐蜀本，又其子孫，明矣。然而猶曰：「三十年間，聞人有善本者，必求而改正之」，則固未嘗必以舊本為是而悉從之也。至於秘閣官書，則亦民間所獻，掌故令史所抄，而一時館職所校耳。其所傳者，豈真作者之手藁？而是正之者，豈盡劉向、揚雄之倫哉？讀者正當擇其文理意義之善者而從之，不當但以地望形勢為輕重也。抑韓子之為文，雖以力去陳言為務，而又必以文從字順各識其職為貴。讀者或未得此權度，則其文理意義正自有未易言者。是以予於此書，姑考諸本之同異而兼存之，以待覽者之自擇。區區妄意，雖或竊有所疑，而不敢偏有所廢也。

言校勘者首重版本，舊本如今言「宋槧」、「元刻」之類是也。官本如今言「殿版」、「局刻」之類是也。而朱子則謂舊本、官本不盡可恃，故必多據異本。此王應麟所謂：「監本未必是，建本未必非。」清儒焦循亦云：「漢學不必不非，宋版不必不誤。」段玉裁亦云：「宋本亦多沿舊，無以勝今本。」此治校勘學者所不可不知之最先第一義，而朱子固先發之矣。

然校勘既不能偏重一本，而必多據異本，而校勘之業，亦非僅於羅列異文，便謂可盡其能事也。諸本異同之間，則必有是非得失，而評判是非得失，則其學已越出校勘之外。故其學非真能越出於校勘之外者，亦決不能盡校勘之能事。顧炎武音論，自言據詩經通古音之方法，曰：「列本證、旁證二條。本證者，詩自相證也。旁證者，采之他書也。二者俱無，則宛轉以審其音，參伍以諧其韵。」可見考據之學，亦必有越出於證據之外者。朱子考異所重，則尤重在韓集本文之內證。所謂「擇其文理意義之善者而從之」是也。文理者，字法、句法、章法皆是。字句章節之法變，而文之意義亦隨而變；衡平得失，主要在是。而猶有不盡於是者，則又必深識夫韓氏一集所獨具之風格與個性，乃庶可以憑此權度，而以剖辨其是非得失於微茫疑似之間。就韓氏所自言，則曰「陳言務去」，又曰「文從字順各識職」。此韓氏一集特出所在。故必二者兼盡，乃始可以得韓集之眞是也。抑猶不盡於此。夫曰「文理」，則決非僅盡於文字之理而已。夫亦曰「理見於文」，「理由文見」，故言文理者，必深入於文中之意義。孟子曰：「說詩者，不以文害辭，不以辭害志，以意逆志，是為得之。」蓋必至於是，而後始可謂能「擇其文理意義之善者而從之」矣。此又校勘之業之決不盡於校勘，而後始能盡校勘之能事也。

由此言之，校勘之學，固貴於客觀之取材，而尤貴乎主觀之鑒別。鑒別之深淺高下，則不盡憑乎外在之材料，而實更憑乎校者之心智。而心智有深淺高下，則一視乎其學養所至，而其事固為學者所不易自知者。是則校勘之學，若有憑，而實無憑。故朱子考異，有所主，無所廢，仍必兼存諸本異同，以待後之覽者之更有以自擇。此其至謹至慎，所以為至密至當，而為後之治校勘者所必守之矩矱也。故朱子之校韓集，不僅校勘、訓詁、考據一以貫之，抑考據、義理、文章，亦一以貫之矣。此固巨儒之用心，無往而不見其全體之呈露。後之承學之士，當於此悉心而體玩焉者也。

四

茲試就考異原文，麤舉例證，以見一斑。

夫校勘必羅舉異文，又必辨其得失。而辨定得失，則多有待於他書之旁證。此易知也。然旁證亦有不可恃。如考異卷二赤籐杖歌，「浮光照手欲把疑」：

諸本同，方獨從蜀本作「照把欲手疑」。云：「檀弓有手弓，列子有手劍，史記有手旗，義同此。諸本多誤。」

考異云：今按：方說「手」義固為有據。然諸本云「照手欲把疑」，則是未把之時，光已照手，故欲把而疑之也。今云「照把」，則是已把之矣，又欲手之，而復疑之，何耶？況公之詩，衝口而出，自然奇偉，豈必崎嶇偪仄，假此一字而後為工乎？大抵方意專主奇澀，故其所取多類此。

此條方為「欲手」「手」字覓證，證則是矣，而不悟其不可從也。朱子則細辨於本書之文理意義，不煩覓旁證而是非定。又方意韓文陳言務去，故專從奇澀處求之。不悟雖曰陳言務去，又必文從字順各識職，而後始可得韓文之眞。清儒戴震有言：「學有三難。淹博難，識斷難，精審難。」朱子此條，可見其識斷，並見其精審。方氏一意於覓證，是知有淹博，不知有識斷也。

又如考異卷一赴江陵途中，「親逢道邊死」：

方云：閣本作「道邊死」，而從杭、蜀本作「道死者」。

考異云：今按：古人謂尸為死，左傳「生拘石乞而問白公之死」，漢書「何處求子死」。且古語又有「直如弦，死道邊」之說，韓公蓋兼用之。此乃閣本之善，而方反不從，殊不可曉也。

此條方從杭、蜀本，意謂「道死者」三字語義自明，故不須覓旁證。而朱子卻轉覓旁證，定當從閣本。方氏意尤尊閣本，雖有謬誤，往往曲從，而此處獨不從，乃轉失之。可見校勘之學，本於其人學養之深淺，識別之高下；固非僅務覓異本，求旁證，即可勝任愉快也。

又仝上，「歸舍不能食，有如魚中鉤」：

「中」或作「挂」。方從蜀本作「出」，云：選文賦：「若遊魚銜鉤而出重淵之深」，公語原此。

（此條「方」字東雅堂本改作「或」字，失其旨矣。）

考異云：今按：韓公未必用選語，況其語乃「魚出淵」，非「魚出鉤」也。不若作「挂」為近。然第五卷送劉師服詩有「魚中鉤」之語，則此「出」字乃是「中」字之誤，而尚存其彷彿耳。今定作「中」。

此條方覓文選旁證而誤其文理。就文當作「中」，亦可作「挂」，朱子即於韓集他篇覓本證，而定為「中」字，又解釋譌文為「出」之由來，則決然捨挂從中，更無疑義矣。

又如考異卷七祭竇司業文，「四十餘年，事如夢中」：

諸本皆如此。方從閣、杭、苑及南唐本作「事半如夢」。云：古夢音平、去聲通。石崇詩「周公不足夢」與「可以守至沖」叶。

考異云：今按：「事半如夢」，語意碎澀，不如諸本之渾全而快健。前人誤改，當以重押「中」字之故。不知公詩多不避也。

此條方覓旁證，而朱子即就原文比對，又推論前人校者所以誤改之故，則更不須旁證而是非決。王念孫校淮南王書，曾謂：「典籍之誤，半由傳寫誤脱，半由憑意妄改。」此即憑意妄改之證也。

又如考異卷八平淮西碑，「弘，汝其以節都統諸軍」：

「節」下或有「度」字。「諸」，方作「討」。

考異云：今按：前輩有引左傳「討其軍實」為「討軍」之證者，恐未必然。若必作「討」，則秦之眾刻石，自有「遂發討師」之語，而晉官有「都督征討諸軍事」，皆足為證，不必引左傳，卻不相似也。但公所作韓弘碑，但云「都統諸軍」，則作「討」者為誤矣。不可以偶有旁證，而強引以從之也。

此條見同是尋覓旁證，亦有高下，有貼切不貼切之辨。此等處，正貴學問之淹博，識斷之精審。而朱子此條，直從韓集他篇尋得本證，則他處縱有旁證，雖若貼切，亦不可從矣。

又如考異卷四游箴：「余少之時，將求多能，蚤夜以孜孜。余今之時，既飽而嬉，蚤夜以無為。嗚呼余乎！其無知乎！」

「余」，方從閣、杭、蜀本作「于」。云：左傳「于民生之不易」，「于勝之不可保」，杜注：「于，曰也。」

考異云：今按：方說不為無據，然與所證之文，初不相似。況下文有「嗚呼余乎」，則此

「于」字皆是「余」字明矣。

此條方氏仍是覓旁證而不貼切，朱子即就原文上下得內證，而案定矣。又如考異卷四師說：「聖人無常師，孔子師郯子、萇弘、師襄、老聃。（句絶）郯子之徒，其賢不及孔子。」

方無「孔子師郯子」五字，而讀下六字連下句「郯子之徒」為句。方云：校本一云：郯子下當有「數子」二字，其上當存「孔子師」三字為是。

考異云：今按：孔子見郯子，在適周見萇弘、老聃之前，而聖人無常師，本杜氏注問官名語；故此上句既敘孔子所師四人，而再舉郯子之徒，則三子在其中矣。方氏知當存「孔子師」字，而不知當并存上「郯子」二字，乃以下郯子二字屬上句讀之，而疑郯子之下更有「數子」二字，誤矣。

今按：韓氏師說，後世人人習誦，似乎此條所引，文義明白，絕無可疑者。不知在朱子前，其字數句讀無定，勞人如猜謎，有如是之紛紜也。其誤皆由文中「郯子」一名重出，而校者妄加臆測，奮筆塗竄，遂致莫衷一是。朱子據史事作旁證，定郯子必當列萇弘、師襄、老聃三人之上。又據上下文義，知下文郯子一名重出。而「郯子之徒」四字，實兼萇弘、師襄、老聃三人在內。則一切自定，不煩再有疑辨矣。從知治校勘，既必精熟文理，又須博涉兼通，始能勝任愉快。校勘之業，似易實難，即此一條已可見。固非僅從字句異同間臆測，所能定其一是也。又知學問之事，眞是一出，則衆疑皆消。而眞是之明白曉暢，事若固然，往往使人忽於獨見此眞是者在當時非有甚深學養不辦。然則輕視校勘之業，謂其微末不足道者，觀於此節，亦可以自見其為意氣之偏矣。

又如考異卷五，重答張籍書，「張而不弛，文武不能也」：

「能」字本皆作「為」。方云：考之記，實曰：「張而不弛，文武弗能也。弛而不張，文武不為也。」則此「為」字當作「能」字乃是。但李本云：論衡嘗引此以闢董仲舒不窺園事，正作「為」字。疑公自用論衡，非用戴禮也。

考異云：今按：作「為」無理，必有脫誤。不然，不應舍前漢有理之禮記，而信後漢無理之論衡也。況公明言「記曰」，而無論衡之云。且又安知論衡之不誤哉？今據公本語，依禮記，定作「能」字。

今按：此條尤見校勘之不易。既各本盡作「為」字，又有論衡作旁證，而朱子獨奮改各本，定從「能」字。此非有眞知灼見不辦。今考朱子所定，首從文義論，「張而不弛」，必是不能，非不為。朱子認作「不為」是無理。識斷精審，實已越出於文字義解之外，非僅從事於校勘文字異同者所能企。次則朱子認為本文既明云「記曰」，則必本戴記，不當轉據論衡，此即就本文得內證也。宋儒黃山谷曾言：「退之文，老杜詩，無一字無來處。」正當從此等處審細認取。當知古人名家成學，作文著書，一字不苟。後人讀書校文，亦必一字不苟，乃庶有得於古人之眞是。若以粗心浮氣臨之，先不認古人著書有一字不苟者，乃妄憑己臆，恣情騁說。遇己意不可通，遂妄疑古書之多誤。此則尤下於僅知校文字異同者不知其幾等矣。朱子又云：「且又安知論衡之不誤」，此語似大膽。自近人言之，幾所謂蔑視證據，主觀之尤。然當知此等處，非有眞知灼見者，萬萬不敢道，抑亦萬萬不宜道。學有高下深淺，此等非淺學所可驟企。清儒校書，往往好援他書，奮改本字。如喜據淮南改莊子，又如援引文選注、太平御覽諸書改所引原書之類，皆是。不知其所援引，豈便無誤？惟苟事校勘，即不免好尋異同。無異同，校勘亦何從下手？故一見他處有作異字，校者常不免先存喜心，欣然躍然，若有所獲。此實治校勘者所首當先戒之心病。然非學養之深，亦不足以語此。至如各本均作某字，而校者不顧，必為改定，此尤治校勘者首當力戒，不宜輕犯。而朱子此條，顧獨以奮改為定，此戴震所謂「空所依傍」，錢大昕所謂「實事求是」。學者當心知其意，而未可輕率效之也。

又如考異卷五賀徐州張僕射白兔書，「四方其有逆亂之臣，未血斧鑕之屬，畏威崩析，歸我乎哉，其事兆矣」：

諸本多如此，嘉祐杭本亦然。方本「之屬」作「其屬」，屬下句。「析」作「柝」，云：漢終軍傳：「野獸幷角，明同本也。眾支內附，示無外也。殆將有解編髮，削左衽，而蒙化者。」又王襃講德論：「今南郡獲白虎，偃武興文之應也。獲之者張武，張而猛也。」公言蓋祖此。考異云：今按：嘉祐諸本「之」「析」二字，文理分明。方氏但據蜀本，而不復著諸本之同異，其所定又皆誤。蓋「其屬」歸我，事小不足言，不若逆亂之臣歸我之為大而可願也。「崩析」亦不成文。若用論語「分崩離析」之語，則當從「木」。若用史記「折而入於魏」之語，則當從「手」。二義皆通。然既有「崩」字，則似本用論語中字也。

此條捨「其」從「之」，就事理而判文理也。捨「柝」從「析」，遵用旁證。而旁證多端，復須取捨決奪。不旁證之於史記，而旁證之以論語。更要者，雖定一是，而仍必兼著諸本之異字，以明我取捨之意，而待讀者之自辨。故考異必先列方說，不掩其所從來。此不僅為治校勘者所必守之大例，亦凡治訓詁考據之學者所應同具之美德也。

又如考異卷六送幽州李端公序，「及郊，司徒公紅帓首，韡袴握刀，左右雜佩，弓韔服，矢插房，俯立迎道左」：

方從杭本，「刀」下有「在」字，而讀連下文「左」字為句。謝本又校作「在右」。

考異云：今按：若如方意，則當云「左握刀，右雜佩」矣。不應云「握刀在左」，亦不應唯右有佩也。「在」為衍字無疑，杭本誤也。禮疏云：「帶劍之法在左，右手抽之為便」，則刀不當在右，謝本亦非矣。「左右雜佩」當自為一句，內則所謂「左右佩用」者也。

今按：此條，清儒姚鼐曾於朱子考異持異議。姚氏謂：

此當從杭本作「握刀在左」。蓋「握刀」者，其佩刀之名。若不連「在左」二字，則眞為手持刀而見，無是理也。此雜佩止是戎事之用，如射決之類，與內則之雜佩不同。右有而左無，無害。弓矢亦在右，「右雜佩，弓韔服，矢插房」，九字相連。送鄭尚書序：「左握刀，右屬弓矢」，文正與此同。

今按：姚氏此辨，細按仍不如考異所定為是。「握刀」佩刀名，此說殊無據。然若不曲說握刀為佩刀之名，則又無解於「握刀在左」之無此文理也。且握刀亦與持刀有辨。持刀而見，固無是理。若握刀，則握而未抽，不得即認為無理。故姚氏乃不期而曲說握刀為持刀也。姚氏所以於此持異議，為其據韓氏本集送鄭尚書序為本證，故疑朱子有誤。然考送鄭尚書序云：「府帥必戎服，左握刀，右屬弓矢，帕首袴韡，迎郊。」考異於此條云：「當作左握刀，不應云握刀在左」，實即同據送鄭尚書序文而云。若雜佩如姚說，只指戎事所用，則亦如鄭尚書序文所云：「左握刀，右屬弓矢」，七字已足，何煩添作十三字？今依考異所釋，僅十二字，而又添敍出「左右雜佩」一事，故知姚氏之辨仍非矣。姚氏與朱子，同據送鄭尚書序，而所定是非高下顯不同。校勘之事，僅憑異本旁證之未能勝任而愉快，此豈不可見乎？

又如考異卷六送陸歙州詩序，「我衣之華兮，我佩之光。陸君之去兮，誰與翱翔」：

諸本如此。方從閣、杭本，「光」「翔」下皆有「兮」字，「去」下無「兮」字。

考異云：今按：古詩賦有句句用韻及語助者，賡歌是也。有隔句用韻及兮，而兮在上句之末，韻在下句之末者，騷經是也。今此詩，方本若用賡歌之例，則「華」「光」有兮而不韻，其「去」字一句又并無也。若用騷經之例，則「光」「翔」當用韻，而不當有兮。「華」雖可以有兮，而「去」復不可無兮也。若用橘頌之例，則下三句為合，而首句不當有兮也。韓公深於騷者，不應如此。蓋方所從之本失之也。今定從諸本，以騷經及賈誼弔屈首章為例。若欲以橘頌為例，則止去方本首句一「兮」字，尤為簡便。但無此本，不敢以意創耳。

今按：校勘之事，有苟無旁證則絕不可定者，如此條之例是也。然欲覓旁證，則書籍浩如煙海，有可引以證此，復有可他引以證彼者。證既多門，彼此兩歧，苟非本書確有近於某例之內證，則此多歧雜出之旁證，又何從為抉擇從違乎？朱子此條，謂「既無此本，不敢以意創」，此尤至慎至密，為治校勘者所必知也。

五

又如考異卷六送高閑上人序，「今閑師浮屠氏，一死生，解外膠」：

諸本作「膠」，方從杭、歐、謝本作「繆」。云：繆，莫侯切，猶綢繆也。莊子：「內韄者不可繆而捉」，義蓋同此。

考異云：今按：膠者，黏著之物，而其力之潰敗不黏為解。今以下文「頹墮潰敗」之語反之，當定作「膠」。

今按：此條見旁證之不如內證。方證之於莊子，乃旁證。考異證之以本篇下文「頹墮委靡潰敗不可收拾」之語，而定為「膠」字。抑所勝於方者遠矣。

又如考異卷六祭田橫墓文，「貞元十一年九月，愈如東京，道出田橫墓下」：

十一年，諸本或作十九年。「月」下有「十一日」字。「如東京」，或作「東如京」。洪氏曰：「東京，洛陽也。公以貞元十一年出長安，至河陽，而後如東都也。十九年秋，則公為御史，是冬即貶陽山，安得以九月出橫墓下？唐都長安，亦不得云『東如京』也。」方從閣、杭、蜀本作「東如京」，云：「田橫墓在偃師尸鄉，洛陽東三十里，今公自河陽道橫墓下以入洛，故云『東如京』也。」

考異云：今按：洪氏作「如東京」，及考歲月皆是。方氏亦以京為洛陽，但據三本，必欲作「東如京」為誤耳。今且未須別考他書，只以其所引田橫墓在洛陽東者論之。則自墓下而走洛陽，乃是西向，安得言「東如京」乎？況唐都長安，謂洛陽為東京則可，直謂之京，則不可，其理又甚明。若據元和郡國志，則河陽西南，至河南府八十里，其大勢亦不得云「東如京」也。此又三本謬誤之一證，故復表而出之。

今按：如方說，原文當作「自東如京」，非「東如京」也。既不當直呼洛陽為京，自河陽往，亦不得云自東往。此之謂不合文理，而方氏之誤斷然矣。校勘之事，重內證，有不煩旁考而可定者，如此條之例是也。

又如考異卷八平淮西碑，「皇帝歷問於朝一二臣外」：

或作「外臣」，方從杭、苑無「外」字。（東雅堂本删「方從」字。）

考異云：今按：此句若作「外臣」，則當時朝臣自以伐蔡為不可，非獨外臣也。若作「一二臣」，則當時舉朝之臣，皆以伐蔡為不可，又非獨一二人也。考之下文，所謂「一二臣同，不為無助」者，又正指武元衡、裴度一二人贊伐蔡之謀者而言。則此乃謂唯一二臣以為可，而其外羣臣，皆以為不可耳。諸本作「外臣」，及無「外」字，皆非是，惟作「臣外」者得之。

今按：此亦不煩旁證，即本文自證而可定也。

又如考異卷四伯夷頌，「若至於舉世非之，力行而不惑者，則千百年乃一人而已耳」：

方從杭、粹及范文正公寫本，無「力行」二字，「千」下有「五」字，云：「自周初至唐貞元末幾二千年，公言千五百年，舉其成也。」

考異云：今按：此篇自一家、一國以至舉世非之而不惑者，汎說有此三等人，而伯夷之窮天地亘萬世而不顧，又別是上一等人，不可以此三者論也。前三等人，皆非有所指名，故舉世非之而不顧者，亦難以年數之實論其有無，且以千百年言之，蓋其大約如此耳。今方氏以伯夷當之，已失全篇之大指。至於計其年數，則又捨其幾二千年全數之多，而反促就千五百年奇數之少，其誤益甚矣。方説不通文理，大率類此，不可以不辨。

今按：此條又是不煩再尋旁證，即就文理定之而可者。學者觀於朱子之必向外尋證處，可見朱子讀書之博。遇其不煩向外尋證處，可悟朱子讀書之精。亦必「博」與「精」兼到，而後始可盡校勘之能事，亦即此而見矣。

六

又如考異卷六送李愿歸盤谷序，「隱者之所盤旋，友人李愿居之」：

諸本下皆有「旋」字。洪氏石本、杭本同。或作「桓」。方從樊氏石本、閣、蜀、苑刪去。

諸本及洪氏石本皆作「友」。方云：「樊氏石本作『有』。」

考異云：今按：校此書者，以印本之不同，而取正於石本。今石本乃又不同如此，則又未知其孰是也。然以理推之，則作「有」者為無理。故今特詳著之，以見所謂石本者之不足信也。

今按：校書者苦於印本多異，而取正於石本，此又從事校勘者所共遵之一術。朱子則謂即石本亦有不可信，貴於以理斷。此豈非如近人所譏，宋儒好言理，為喜憑主觀之確證乎？不悟取證雖多，仍須斷之以理。苟無理以通，而空取多證，則書籍浩瀚，何處而不可以為證？如朱子此等例，實為治校勘者所當細心研玩也。

又同篇，「盤之泉，可濯可沿」：

石、閣、杭本「沿」作「湘」。方從蜀本，云：洪氏以為作「湘」者，石本磨滅，或以閣本意之也。然此文自「如往而復」以上，皆二語一韻。以「稼」叶「土」，此類固多。以「容」叶「深」，以詩七月、易恒卦小象考之，亦合古韻。獨「湘」不可與「泉」叶。按公論語筆解，以「浴於沂」作「沿於沂」，政與此「沿」同義。今只以「沿」為正。

考異云：今按：方以古韻為據，捨所信之石、杭、閣本而去「湘」從「沿」，其說當矣。然必以筆解為說，又似太拘。今世所傳筆解，蓋未必韓公本眞也。又按：洪云：「石本在濟源張端家，皆缺裂不全，惟『可濯可湘』一句甚明」，又與方引洪氏磨滅之說不同，不知何故？姑記之以俟知者。然其大歸，只為從「湘」字耳。政使實然，亦不足取也。

今按：校勘考據之學，固貴能得證，然亦有不煩證而可論定者。復有多證轉失，反不如少證無證之得者。此非學養功深，於其所援以為證者先有一鑒別之精心，而徒恃多證為貴，則胥不失之矣。如方氏此條，以韓書證韓文，若為有力，而不知論語筆解之未必眞韓書也。朱子又謂：「正使石本實作『湘』字，亦不足取。」此則更非有眞識力眞定見者，難與論此。苟是有眞識力，眞定見，則自可不煩多尋外證，亦必不僅恃多證為貴矣。

又按：東雅堂本，於此條考異下又云：「或曰：『湘』字考之說文，云：『烹也。』詩采蘋：『于以湘之。』從湘為正。」此不知何人語，而列之考異之下，更不加以分別，使讀者誤會亦若考異原文。且詩經湘訓烹，朱子寧所不知？試問即不論韻，「可濯可烹」，成何文理？而淺人妄矜以為創獲。莊子云：「時雨降矣，而猶浸灌。日月出矣，而爝火不息。」學問之事，前人早有定論，而後世浮議橫起，如此等者又何限。故終貴於讀者之自具識斷，能自為別擇也。

又同篇，「嗟盤之樂兮，樂且無殃」：

「殃」，方從洪校石本作「央」。又云：樊本只作「殃」，然閣、杭、蜀本皆作「央」。王逸注離騷云：「央，盡也，已也。」方又云：此文如「叢」作蘩，「俊」作畯，「時」作旹，皆石本字也。

考異云：今按：作「殃」於義為得。又按：此篇諸校本多從石本，而樊、洪兩石已自不同，未知孰是。其有同者，亦或無理，未可盡信。按歐公集古跋尾云：「盤谷序石本，貞元中所刻，以集本校之，或小不同，疑刻石誤。然以其當時之物，姑存之以為佳玩。其小失，不足校也。」詳公此言，最為通論。近世論者，專以石本為正。如水門記、溪堂詩，予已論之，南海廟、劉統軍碑之類亦然。其繆可考而知也。

今按：歐公、朱子，皆已發石本不可恃之論。而直至近代，治校勘者，得一石本，總以為其價值必超刻本上，則甚矣流俗之難與語也。

又如考異卷四汴州東西水門記，「維汴州，河水自中注。厥初距河為城，其不合者，誕寘聯鎖于河。宵浮晝湛，舟不潛通。然其襟抱虧疏，風氣宣洩，邑居弗寧」：

「湛」或作「沉」。「不」字，方從石本作「用」。

考異云：今按上下文意，蓋言置鎖雖足以禁舟之潛通，然未免虧疏宣洩之患，故須作水門耳。諸本作「舟不潛通」者是也。今上文既言置鎖，而下文乃云「舟用潛通」，則是鎖為虛設，而其下句亦不應著「然」字矣。若以為誤，則石本乃當時所刻，不應有誤。然亦安知非其書者之誤？刻者之誤？況或非所親見，則又安知非傳者之誤耶？其說之未盡者，又見於谿堂、盤谷等序，覽者詳之。

今按：朱子校韓文，認為即石本亦有不可恃；此乃治校勘者一甚大議論，故朱子特再三反復鄭重明白言之若是也。

又如考異卷五鄆州谿堂詩序，「惟鄆也，截然中居，四鄰望之，若防之制水，恃以無恐」：

閣、杭、蜀及諸本皆有「四鄰望之」一句，方從石本刪去。考異云：今按文勢及當時事實，皆當有此句。若其無之，則下文所謂「恃以無恐」者，為誰恃之耶？大凡為人作文，而身或在遠，無由親視摹刻；既有脱誤，又以毁之重勞，遂不能改。若此者，蓋親見之，亦非獨古為然也。方氏最信閣、杭、蜀本，雖有謬誤，往往曲從。今此三本，幸皆不誤，而反為石本脱句所奪，甚可笑也。

今按：此條朱子指明石本亦有誤，不可盡從，情事宛然，又出親見，其理殆無可疑矣。然朱子考異成書，距今又八百年，而治校勘者，獲一石刻出土，必羣認為至寶，謂必可據；此非淺見，則必是成心為病難療也。

又如考異卷七李元賓墓銘，「已虖元賓，竟何為哉！竟何為哉！」

考異云：諸本無此再出「已虜元賓」四字，方從石本。今亦從之。但方又云：上「竟」字石本作「意」，而邵公濟嘗歎其句法之妙。謂歐公而下，好韓氏學者，皆未之見。遂從其說，定上字作「志意」之「意」，下字作「究竟」之「竟」。則予不識其何說也。竊意若非當時誤刻，即是後來字半磨滅，而讀者不審，遂傳此謬，好事者又從而夸大之，使世之愚而好怪者，遂為所惑，甚可笑也。

今按：此見石本有可從，有不可從。即同在一石，亦當憑文理事理為取捨。而方氏此處之盲從石本，更為無理可笑。又按：上文已兩見「已虜元賓」四字，故此處四字謂是再出也。

又如考異卷四汴州東西水門記，「監軍是咨，司馬是謀」：

諸本及石本，皆有此二句，方從閣本刪去，云：「閣本蓋公晚日所定，當從之。」

考異云：今註此二語，疑後人惡「監軍」二字而刪之耳。方氏直謂閣本為公晚年所定，不知何據而云然。以今觀之，其舛誤為最多，疑為初出未校之本，前已辨之詳矣。大抵館閣藏書，不過取之民間，而諸儒略以官課校之耳，豈能一一精善，過於私本？世俗但見其為官本，便尊信之，而不復問其文理之如何，已為可笑。今此乃復造為改定之說，以鉗眾口，則又可笑之甚也。

按：朱子謂官本亦未可盡信，未必盡勝於私本，如此處石本與諸本同，朱子捨官本，取石本，可見石本亦固當遵信（此亦朱子語），石本仍有勝官本者。惟既諸本互異，則仍當一一斷之以理，不能謂何本之勝於何本也。

又如考異卷七國子助教河東薛君墓誌銘，「曾祖贈大理卿，祖曰元暉，果州流溪縣丞，贈左散騎常侍」：

方云：「祖」下十六字，閣、杭、蜀本皆闕，惟監本與石本同。

考異云：今按：方氏所校專據三本，而謂今本皆不足取。今此數字，乃三本所無，而今有者。若非偶有石本，則必以為後人校增而不之信矣。故知今本與閣、杭、蜀、苑、粹不同者，未必皆無所自也。觀者詳之。

今按：此條又是取石本、捨官本之一例。可見朱子並不謂石本盡不可信。然有兩石本相異，有官本與石本異，有諸本與官本、石本異，此皆須平心考校，不得一憑成見，謂若者必是，若者必非。而八百年來，治校勘者，豈不仍尊石刻，仍尊官本，古官本，奉為瑰寶，又爭斥宋儒治學憑主觀。主觀之獄，固誰當坐之耶？

七

又如考異卷五與孟東野書，「獨其心追古人而從之」：

「從」下方有「今」字。「之」下方有「人」字。云：「謝以貞元本定。」考異云：今按：上語「與世相濁」，即是「從今之人」，更著二字，則贅而不詞矣。舊書之不足據，有如此者。故特詳著其語云。

今按：韓公與東野此書，即作於貞元十六年。謝氏得此書之貞元本，眞可謂稀世奇遇矣。竊疑此當不指刻本，或是傳鈔本也。然雖舊鈔，而不可信有如此，故朱子特大書之，曰：「特詳著其語」。此五字乃朱子鄭重教人語也。東雅堂本此條，乃删去「舊書不足據」以下云云，則朱子校書精采，盡為泯滅矣。自此以來，治校勘者，亦率尊古籍舊書，若不可違，此皆朱子所謂「信本而不信理，好奇而不喜常」（此十二字，亦朱子評乃本語）之過也。

又如考異卷一古意，「青壁無路難夤緣」：

方從唐本作「五月壁路難攀緣」，云：「鮑溶集有陪公登華山詩，蓋五月也。夤或作攀。」

考異云：今按：公此詩本以「古意」名篇，非登山紀事之詩也。且泰華之險，千古屹立，所謂「削成五千仞」者，豈獨五月然後難攀緣哉？若以句法言之，則「五月壁路」之與「青壁無路」，意象工拙，又大不侔，亦不待識者而知其得失矣。方氏泥於古本，牽於旁證，而不尋其文理，乃去此而取彼，其亦誤矣。原其所以，蓋緣「五月」本是「青」字，唐本誤分為二，而讀者不曉，因復刪去「無」字，遂成此誤。今以諸本為正。

今按：方氏此條，既據唐本，又得鮑溶詩為旁證，殆可謂鐵案如山，萬牛牽不動矣。而朱子專據本詩文理，寧取諸本，不從方校。治校勘者，遇此等別擇處，最當潛心深玩，乃可以悟讀書用心取捨之所當重也。

又如考異卷七曹成王碑，「兼州別駕，部告無事」：

「兼」，方作「處」。云：「考舊傳合。」

考異云：今按：成王本以溫州長史行刺史事，今兩奏功，而得處州別駕，又不行州事，則於地望事權，皆為左降矣。以事理推之，不應如此。疑方本誤，而諸本作「兼」者為是。蓋以舊官仍兼本州別駕以寵之爾。下文又云：「部告無事」，則謂溫州前此旱飢，而今始無事也。又云：「遷眞於衡」，則是自行刺史事而為眞刺史也。其間不應復有處州一節明矣。舊史亦承集誤，不足為據。

今按：方氏此條，從唐史李皐本傳，校合韓集碑文，亦疑若證據明確，堪成定論矣。朱子獨謂推之事理，舊史亦襲韓文誤字，不足據。然試問所謂舊史亦襲韓文誤字者，其證何在？可見治考據者，非尋證之難，實定其證之可據之難。非文證之難，而實理證之更難也。

又如考異卷六送陳秀才彤序，「如是而又問焉以質其學，策焉以考其文，則何信之有」：

諸本「何」下有「不」字，方本亦然。

考異云：舊讀此序，嘗怪「則何不信之有」以下，文意斷絶，不相承應，每竊疑之。後見謝氏手校眞本，卷首用「建炎奉使」之印，末有題字云：「用陳無己所傳歐公定本讎正。」乃刪去此一「不」字。初亦未曉其意，徐而讀之，方覺此字之為礙，去之而後一篇之血脈始復貫通。因得釋去舊疑。嘗謂此於韓集最為有功。但諸本既皆不及，方據謝本為多，而亦獨遺此字，豈亦未嘗見其眞本耶？嘗以告之，又不見信。故今特刪「不」字，而復詳著其說云。

今按：此條各本皆同，似不須校，亦無可校，而朱子獨抱心疑，終於獲得孤證，删一「不」字，而全篇血脈始通。然學者苟非細讀通篇，亦不易知朱子删此一字之妙。學者非從此等處細參，亦不易悟治校勘者之所當用力用心之所在也。凡朱子考異特云「詳著其説」者，皆寓深意，所以鄭重教人，非苟爾縱筆而已，此尤學者所當深心潛玩也。

又如考異卷一八月十五夜贈張功曹，「君歌且休聽我歌，我歌今與君殊科」：

考異云：杭本如此，言張之歌詞酸苦，而已直歸之於命；蓋反騷之意。而其詞氣抑揚頓挫，正一篇轉换用力處也。方從諸本，「我」下去「歌」字，而「君」下著「豈」字，全失詩意，使一篇首尾不相運掉，無復精神。又不著杭本之異，豈考之亦未詳耶？

今按：此條盡斥諸本，獨從杭本，而以本詩通體血脈精神加以判定，正可與上一條合看。讀者必當於此等處深心潛玩，乃可以見識斷精審之所指。

又如考異卷九進撰平淮西碑文表，「今詞學之英，所在麻列」：

「麻」，或作「成」，方從閣、杭、苑、李、謝本。

考異云：今按：作「麻」殊無理。疑此本是「森」字，誤轉作「麻」。後人見其誤而不得其說，乃改作「成」耳。且公答孟簡書，亦有「森列」之語，可考也。方氏固執舊本，定從「麻」字，舛謬無理，不成文章，固為可怪。然幸其如此，存得本字，使人得以因疑致察，遂得其眞。若使廢「麻」而直作「成」字，則人不復辨，而本字無由可得矣。然則方本雖誤，而亦不為無功。但不當便以為是，而直廢他本，不復思索參考耳。今以無本，亦未敢輕改，且作「麻」字，而著其說，使讀為「森」云。

今按：此條見治校勘者，縱舊本盡作某字，而苟有他本異字，仍當兼存不廢，以備思索參考，一也。又無本可據，則不當輕改，惟當著其說以存疑，二也。此皆至謹至愼，為治校勘者所必遵之大例。又按：陳景雲韓集點勘云：「麻，南宋初蜀人韓仲韶本作森，朱子之說，暗與舊本合，特偶未採及耳。然太白夢遊仙姥詩：『仙之人兮列如麻』，則作麻列，似亦有據。」今按：既有舊本作「森列」，又有韓公答孟簡書為本證，可成定讞矣。「麻列」縱有出處，可勿援以為據。而陳氏點勘又誤將此條列入元和聖德詩。四庫提要特提此條，而亦未能指出其誤。昔人謂校勘如掃落葉，隨掃隨積，事有如此。亦從可知校勘之業之所以不為學者之首務，此又治校勘者所必當知也。

又如考異卷五與孟尚書書，「要自胸中無滯礙，以為難得」：

諸本皆如此。方從閣、杭、蜀本删「胸中無滯礙」五字，「自」又或作「且」。

考異云：今按：此書稱許大顛之語，多為後人妄意隱避，刪節太過，故多脫落，失其正意。如上兩條，猶無大利害。若此語中刪去五字，則「要自以為難得」一句，不復成文理矣。蓋韓公之學，見於原道者，雖有以識夫日用之流行，而於本然之全體，則疑其有所未覩。且於日用之間，亦未見其有以存養省察而體之於身也。是以，雖其所以自任者，不為不重，而其平生用力深處，終不離乎文字言語之工。至其好樂之私，則又未能卓然有以自拔於流俗。所與遊者，不過一時之文士。其於僧道，則亦僅得毛、干、暢、觀、靈、惠之流耳。是其身心內外，所立所資，不越乎此，亦何所據以為息邪距詖之本，而充其所以自任之心乎？是以一旦放逐，憔悴亡聊之中，無復平日飲博過從之樂，方且鬱鬱不能自遣。而卒然見夫瘴海之濱，異端之學，乃有能以義理自勝，不為事物侵亂之人，與之語，雖不盡解，亦豈不足以蕩滌情累，而暫空其滯礙之懷乎！然則，凡此稱譽之言，自不必諱。而於公所謂不求其福，不畏其禍，不學其道者，初亦不相妨也。雖然，使公於此，能因彼稊稗之有秋，而悟我黍稷之未熟，一旦飜然反求諸身，以盡聖賢之蘊，則所謂以理自勝，不為外物所侵亂者，將無復羨於彼；而吾之所自任者，益恢乎其有餘地矣。豈不偉哉？

今按：此條就韓公與大顛交游事，而申論及於韓公平日之學養，身心內外，所立所資，將五百言。清儒治校勘，斷無此等筆墨。此乃漢學、宋學之精神相異處。又按：東雅堂本於此書上文「實能外形骸，以理自勝，不為事物侵亂」語下，添入司馬溫公書心經後一段，與朱子此條所論，深淺偏周，甚相懸隔。讀者既不易別出此一條之並非考異原文，又其前後評騭大異，多列異說，徒亂讀者之思理，亦使讀者昧失古人著書之精神。此所以徒務捃摭尚博之無當於學術也。章實齋有言：「浙東貴專家，浙西尚博雅。」又謂：「博雅之風，淵源朱子。」竊謂章氏此論，若專以辨清儒之學風則可；若誠以論朱子，則朱子雖博雅，亦何害其為專家乎？學者當從此等處細參之，乃可知徒博之無當也。

又如考異卷一感二鳥賦序，「今是鳥也，惟以羽毛之異，非有道德智謀，承顧問，贊教化者，乃反得蒙採擢薦進，光耀如此」：

此下諸本有「可以人而不如鳥乎」一句，方從閣本、文粹刪去。考異云：今按：諸本所有之句，乃全用大學傳中語，而意則異矣。二本無之，豈公晚覺其陋而自削之歟？抑後之傳者，為賢者諱而刪之也。方從二本，意則厚矣。然凡讀書者，但當據其本文實事，考評得失，以自警戒，乃為有益。正不必曲為隱諱，以啟文過飾非之習也。今此一句，恐或公所自刊，故且從方本云。

今按：此條朱子謂讀書者但當據本文實事，考評得失，此亦錢大昕所謂「實事求是」之義也。而考異於此處，終從方本刪去此句，謂「恐或公所自刊」，此又何從而證之？此等處，尤見朱子用心之厚。

與孟東野書，論大顛「胸中無滯礙」五字不可刪，因刪去則害文理也。此處刪去「可以人而不如鳥乎」八字，於文理無妨，故刪之。而仍著其說，又特謂「恐公之所自刊」。此等處，可見朱子考異一書，用心精密，逐處不苟，眞可謂義理、文章、考據，兼容幷包，一以貫之，而更無遺憾矣。

又按：東雅堂本於此條考異云云均刪去，僅存「方從閣本、文粹刪去八字」一語。不知如此等處，正見朱子考異精神，不可刪也。東雅堂本於孟尚書書中添入司馬光一條，此處又刪去考異原文一條，讀者若僅窺東雅堂本，必於朱子考異原書精神多所漫失。故學者貴能誦原書，而刻書者，尤不當於古人書妄有增刪散亂。而治校勘者，則尤當於此等大關節處著意用心也。

上所稱引，於朱子考異原書，殆如一臠一炙。學者當進就韓集，逐篇、逐行、逐句、逐字，細細連考異並讀，乃可以見校勘之業，雖曰小道，亦已包訓詁、考據、辭章、義理，而兼通一貫之。而大儒之成學，其宏纖俱舉，細大賅備，必審必謹，不遺不苟，亦格物窮理精神之一種具體表現也。學者從此書入，庶可以有窺於昔人之用心；而豈高視闊步，血氣意見之所能想像企及哉！爰特不辭鈔摘之瑣瑣，以箸於篇，聊備尊古媚學之士之潛心焉。

又按：本篇上引張洽「長沙十里平」之說，其實仍當依朱子本作「千里平」。因論版本，詳引張說，非謂張說可從也。讀者幸勿誤會。

（此稿寫於一九五六年，刊載於一九五七年二月新亞學報二卷二期。）

近百年來諸儒論讀書

每一時代的學者，必有許多對後學指示讀書門徑和指導讀書方法的話。循此推尋，不僅使我們可以知道許多學術上的門徑和方法，而且各時代學術的精神、路向和風氣之不同，亦可藉此窺見。本篇為便初學，遠的不說，專取其「近己而俗變相類」者，粗述百年來，而自陳澧始。

一　陳澧

（一）

陳澧，廣東番禺人，生於清嘉慶十五年，距今已一百二十餘年。當他十五歲時，兩廣總督阮元在廣州粵秀山建學海堂，是為長江下游清代考據經學傳播到南方之重大開始。陳澧在他十七歲時，始應學海堂季課，而阮元已調雲貴。然陳澧早年，因此受到很深的乾嘉考證學之影響與薰陶。他後來所著書，如漢書地理志水道圖說，聲律通義，切韻考等，都還遵守著乾嘉經學正統派的榘矱。然而時代的劇變，鴉片戰爭，洪楊起事，以及英法軍侵入廣東，種種驚心動魄，使他漸漸地轉換他學術的路徑。他說：

> 中年以前，為近時之學所錮蔽。全賴甲辰出都，（道光二十四年，南京條約後兩年，陳澧年三十五。）途中與李碧舲爭辨，歸而悔之，乃有此二十年學問。

又言：

> 少時只知近人之學。中年以後，知南宋朱子、北宋司馬溫公、胡安定、唐韓文公、陸宣公、晉陶淵明、漢鄭康成之學。再努力讀書，或可知七十子之徒之學歟。

這是陳氏自述因於時代轉變而影響他走上學術轉變之大概。屈指到今，恰恰九十多年。陳氏在當時，受了乾嘉漢學考據極深的洗禮，正當考據學全盛時，他能首先覺其錮蔽，要努力來創造一種學術的新途轍，陳氏實不愧是近百年來提倡新的讀書運動之第一人。

（二）

陳氏既發見了漢學考據之錮蔽，遂漸漸轉移方向，注意於宋學義理之探求，與學問大體之玩索。其最先完成的第一書，為漢儒通義。其書取名「通義」，即是主張從事學問該從大體上探索義理之表示。陳氏謂：

漢儒善言義理，無異於宋儒。宋儒譏漢儒講訓詁而不及義理，非也。近儒尊崇漢學，發明訓詁，而不講義理，亦非也。

竊冀後之君子，祛門戶之偏見，誦先儒之遺言，有益於身，有用於世，是區區之志。

陳氏要從「善言義理」這一點上來溝通漢、宋之門戶，而以「有益於身」與「有用於世」二語，懸為著書講學之標幟。當時考據學家之大病，正在持門戶之見過深，過分排斥宋儒，讀書專重訓詁考據，而忽略了義理，因此其所學於身世乃兩無關益。陳氏所言，可謂對症發藥。故陳氏又謂：

經學無關於世道，則經學甚輕。謂有關於世道，則世道衰亂如此，講經學者不得辭其責。蓋百年以來，講經學者，訓釋甚精，考據甚博，而絕不發明義理，以警覺世人，此世道所以衰亂。

又說：

今人只講訓詁考據，而不求義理，遂至於終年讀許多書，而做人辦事全無長進，與不讀書者等。此風氣急宜挽回。

當時學者，正以能考據訓詁，自負為最善讀書者。而陳氏卻直斥其與不讀書者等，又且加上他們一個造成世道衰亂的罪狀。由今論之，我們實不能不佩服陳氏的大膽與深識。近人尚多認考據訓詁為讀書治學之不二法門者，其實若專從訓詁考據之見地來讀書，其間流弊煞是不少。最所易犯者，常為忽略了書中平正通達的部分，而專從難解難考處下手，因此讀書不得大體，而流於瑣碎。也可說，不注意大道理，而專在枝節上賣弄小聰明。他們訓詁考據之所得，並不說是錯了，只是於身無益，於世無用。

陳氏又說：

朱子云：「近日學者意思都不確實。不曾見理會得一事徹頭徹尾，東邊掉得幾句，西邊掉得幾句，都不曾貫穿浹洽。此是大病。有志之士，不可不深戒。」（答胡季隨書）朱子論當時道學之弊如此，然今之說經者，尤多此病。

蓋專以訓詁考據的興趣與見解來讀書，則讀書只為我作文地步。只求覓得書中一罅縫，提得出一個題目，寫得出幾條筆記或一篇文字，或甚至一本書，便謂學問能事已盡。卻於所讀那書之全體上，或大體上，懶於玩索。陳氏謂：

但能全觀一經者已少，況欲其融會乎？皆節取一二語，為題目，作經解耳。

當時經學正盛，而學者已懶看全經，其流弊可想。只為專以讀書為我作文題目，則極其所成，亦不過為一追逐時趨之名士，卻說不上眞知學問。陳氏謂：

浮躁者其志非眞欲治經，但欲為世俗所謂名士耳。彼徒以講經學為名士，則其所作經解，不過名士招牌而已。即使解經可取，而其心並不在聖賢之經，此不得謂之讀經書之人也。

又說：

> 科舉之士，以一句經書為題，作一篇時文。經學之士，以一句經書為題，作一篇經解。二者無以異也。皆俗學也。

其實任何一時代的學術，只要成為時趨，久而久之，未有不成為俗學的。乾嘉經學，正為其太時髦了，一輩人揣摩風氣，追隨時尚，便不期然而然的成了俗學。陳氏這一糾彈，是值得我們深切體會的。

而且如陳氏意，像當時那般做經解，縱使做得極好，亦只是訓詁考據，無關大義，亦只成得一個博士，不成為一個士大夫。「博士」最多能知道了些人家所不知道的，卻與做人辦事一切世道仍無關。「士大夫」則須從讀書中明義理，來做社會上一個有用人物。陳氏說：

> 有士大夫之學，有博士之學。近人幾無士大夫之學。士大夫之學，更要於博士之學。士大夫無學，則博士之學亦難自立，此所以近數十年學問頹廢也。

陳氏又說：

略觀大義，士大夫之學也。

陳氏此一分辨極關重要。若在學術界昧失了大義，則訓詁考據亦將無所麗以自存。所以說「士大夫無學，則博士之學亦難自立」也。

而且博士之學，正因為其不究大義，只從難解難考處留心，所以又漸漸養成了一種驕矜之心，其讀書似乎只在尋求古人罅隙，有意和古人為難，卻並不能把前人所著書平心靜氣從頭細讀。陳氏說：

王西莊云：「大凡人學問精實者必謙退，虛偽者必驕矜。若鑿空翻案，動思掩蓋古人，以自為功，其情最可惡。（十七史商榷卷一百）」此所謂博學以知服。

陳氏論學，極提倡「博學以知服」的風氣。所謂博學以知服者，即是自己學問愈博，愈知道佩服人家。他說：

讀書者若平心靜氣，自首至尾讀之，於其誤者考而辨之，則雖言經誤可也，況注疏乎？若隨手抽閱，搜求一二以作文字，則言注疏之誤亦僭也。

若眞讀注疏，自首至尾，於其疏而駁正之，雖寥寥數語，亦足珍。若不自首至尾讀之，隨意翻閱，隨意駁難，雖其說勝於先儒，而失讀書之法。此風氣之壞，必須救。

當知著書之本在讀書。壞了讀書風氣，便斷難有著書成績。當時讀書講經學的人，竟至不讀全經，不讀注疏，只是隨手翻閱，隨意駁難，貌若艱深，實已淺陋。所以陳氏說：

余嘗言近人多言樸學，然近人之經學，華而非樸。

正因為當時研究經學的，實際上早已不能通體將經文及經疏細讀，只一意在難解難考處搜求題目作文，求勝前人，為名士，學時髦。此等風氣，不僅不能通義理，不求通義理，而且那番心理更是要不得。陳氏又說：

讀注疏，既明其說，復讀經文者，經學也。不復讀經文者，非經學也。讀注疏，自首至尾讀之者，經學也。隨意檢閱者，非經學也。讀之而即寫一簡題目，作一篇文字者，尤非經學也。學者之病，在懶而躁，不肯讀一部書。此病能使天下亂。讀經而詳味之，此學要大振興。

陳氏論學，先注重在工夫上。有了工夫，再能有表現。若把讀書認做是作文的工具，這便表現為主，工夫為次。只要東西翻閱，搜求一二題目，來寫文章，此種風氣，定會養成學術界一種懶而且躁的心理。懶是不肯平心靜氣，精詳閱讀。躁是急於成名，好出鋒頭，掩蓋前賢，凌駕古人。待到讀書人全受此種風氣之薰陶，由他們出來領導社會，主持時局，其勢自然足使天下亂。陳氏的話，一些也不過分。

然而那些不肯從頭到尾細心讀書，而專做零碎搜求的人，他們還有一套為自己辯護的理論。他們常說：「不識字即不能讀書」，這是訓詁小學家的論調。陳氏說：

> 近人講訓詁者，輒云「訓詁明而後義理可明」。此言是也。然訓詁者，古今異言，通之使人知也。讀經傳之言，固多古今不異，不必訓詁而明者，何不先於此而求其義理乎？

又云：

> 試問今之說經者，非欲明其文義乎？明其文義之後，將再讀之乎，抑置之不讀乎？若置之不讀，則明其文義何為？若明其文義將再讀之，則文義已明者多矣，何以不讀，而獨覓其文義未明者讀之乎？

又云：

經文之本明者，世人不讀，而惟於其難明者解之。既解亦仍歸於不讀。解經而不讀經，其心曰：「我既解之，已皓首矣，使後之人讀之無疑可也。」而後之人又慕其解經，於是又解經，又不讀經，不知待何人而始讀之也。

當時學者羣言經學，而其弊至於不讀經。此情眞可浩歎。即如當時的漢學家們，對一部許氏說文，眞不知廢卻他們幾許輩的心力。然而許氏說文一書，到底還有不少解不通的字。而道、咸以下，自說文而鐘鼎古籀，及今而又有殷契龜甲。若待識盡字再讀書，豈不眞是河淸難俟？若論考據，則範圍更廣大，更是考不勝考。若果讀書為學，不先融會大義，只向零碎處考釋，則此路無極，將永無到頭之期。如是則讀書人永遠在搜集材料，為人作工具的準備。永遠是一些竹頭木屑之收藏，永遠無一間半架眞建築。照此下去，儘可遍天下是讀書人，而實際並無一眞讀書人，社會上亦並不會受到讀書人的眞效用。清代乾嘉經學，極盛之後，正犯了這個毛病。而況他們還避免不掉一種懶而躁的心理，在不合理的讀書風氣下，還會製造出種種牽連而生的病態。陳澧可算是在這種空氣裏面首先有到覺悟的，在他四十九歲刻成漢儒通義，以後他便積極幹他新理想的讀書工作，直到他七十三歲卒年，前後二十餘年，積成了他畢生偉大的巨作東塾讀書記。

（三）

現在就我們的時代，來平心持論，把東塾讀書記與乾嘉經學專務訓詁考據的許多著作對看，也確實是遠勝了。即如劉台拱的論語駢枝，為當時學者所推尊，若以較之東塾讀書記中論語之一卷，其間高下得失自顯。一則專從難解難考處著想，一則改從大義大體上用心，即面目便自不同。然而陳澧在當時，他自身感受經學的影響，實亦太深了。東塾讀書記中所論，究竟也還脫不了當時經學的範圍；而在經學上看，究竟也還是考據訓詁的氣味重些。所以陳氏的讀書記，雖則竭意要追步清初大儒顧炎武的日知錄，而日知錄內容，分經術、治道、博聞三類，讀書記則只能自限於經術之一途。陳氏極愛讀通鑑，晚年徧治諸史及通典，惜今讀書記中關於史的幾卷均未成。由我們今天來平心衡論陳氏學業上之成就，也仍只可算他是一個經學家，這是極顯然的。

而且陳氏治經，先勸人從頭到尾讀一部注疏，他說：

> 讀注疏使學者心性靜細。

然而在陳氏當時，內憂外患相逼而來，人人有不可終日之想，究竟已非細心靜氣來從頭到尾讀注疏的時代了。即使人人再能從頭到尾讀一部注疏，人人由此養到心性靜細的地位，也不見得對社會有何眞用處。因此，陳氏的讀書主張，只算是看到了從前人的病痛，但他自己所開的藥方，卻不見有力量，未能使此病霍然而愈。況且讀書記又是一部太過謹嚴的書，溫和有餘，峻厲不足。一輩舊派經學者見了，亦還一般的贊成。至於上舉陳氏種種言論，卻多半在他的日記、隨筆、未刻稿裏。他的讀書記，只是弦有餘音，引而不發，不足以發聾震聵。所以陳氏身後，還不見有一個面目一新的讀書風氣，而仍還是五十步與百步的一進一退，在乾嘉經學訓詁考據的積習下討生活。換辭言之，陳氏在學術思想史上還不夠做成一個畫界線的人物。

正因近百年來第一個有志開讀書新風氣的學者，他自己已不能有他很鮮明的旗幟，很清楚的路線，來領導後生學者向一新方向進行，所以直到如今，陳氏所說當時學術界的種種病痛，也多還未能洗滌淨盡。似乎現在一般的讀書風氣，也還脫不了極狹的門戶之見，也還看重在小節目上的訓詁考據之類，而看輕從學問大體上來求大義之融會與貫通。也還只像是多數走在博士之學的路上，以「為學術而學術」之語調為護符，而實際則學術未必有裨於身世。做學問的仍多只為尋題目作文而讀書，以作文為名士招牌之餘習，依然存在。也未見大家肯細心來讀一部書，從頭到尾心性靜細來讀，也還只是隨手翻閱，隨意駁難。距離「博學知服」的風氣，似乎還尚遠。學者的心地，不僅全要掩蓋先賢，即在並世師友，亦多輕心凌駕。說到此層，則似乎更不如乾嘉當時。學者驕矜之氣，似乎比前益甚。

只聽説「我愛吾師，我更愛眞理」，究竟眞識得眞理者未必多，而尊師服善之心，則全為其重道愛眞理之一句堂皇話頭所犧牲了。讀書多半是為了作文，作文最好是出奇的發見與創闢。書本似乎只是學者作文時所運用之材料，讀書似乎只為是臨文時作參考。有人從大體上作大義之融會與玩味，則反目為空洞或腐敗。喜鶩新知，懶鑽舊義。極其所至，最多也只還是何休武庫之矛戟，而非鄭玄宗廟之禮器。（此亦陳澧語，見讀書記鄭學卷。）雖則其所考索的內容，與乾嘉經學已有不同，然就種種方面看，今天學術界的風氣與路徑，卻還是乾嘉舊轍。大體上，陳澧所謂「懶與躁」的心病，似乎仍是深深埋在我們的身裏。而世道衰亂，我們學術界也還不得不負相當的責任。

二　曾國藩

（一）

治近百年史的，論到人物方面，無論如何，不能不首先推到曾國藩。曾氏氣魄之雄厚，人格之偉大，及其在政治上、社會上種種之建立，其不可磨滅處，縱然近人有好持異論的，到底也不能不承認。至論學術，曾氏也有他自己一套獨特之旗幟與地位。述説近百年來之諸儒讀書論，曾氏是極可注意的一人。

曾氏湖南湘鄉人，生嘉慶十六年，後陳澧一年。卒同治十一年，先陳澧十年。曾、陳是同時代的人物。陳氏嘗自說：「中年以前，為近時之學所錮蔽。」而湖南在清代學術史上，是一個比較落後的省分，曾氏又是一個農家子，所以在他少年時代，幸而卻沒有受到當時時髦學派之錮蔽。任何一學派，一到時髦，則無不有其錮蔽者。陳氏又說：「學者之病，在懶而躁，不肯讀一部書，此病能使天下亂。」結果不幸而言中，不久天下果亂了，而曾氏則是力挽狂瀾為當時平亂的人物。曾氏讀書，生平力主一「耐」字訣，一「恒」字訣。他說：「一書未完，斷斷不讀別書。」那時的天下，正在讀書人懶而躁，不肯讀完一部書的風氣下弄壞了，卻恰恰在一書未畢，決不換讀別書的人的手裏把來平定了。我們便把這一件小事，兩兩相照，尤可見讀書人的習慣與風氣，對於世道，真有偌大的影響。陳氏常提倡「士大夫之學」，說：「士大夫之學，略觀大義，有益於身，有用於世。」曾氏做學問，卻恰恰是走的這條路。他恰恰來為陳氏所說的「士大夫之學」做出一個好榜樣。因此，我們把曾、陳兩氏的言論學術，對照比看，便會更覺有味了。

（二）

曾氏在當時，亦曾極力提倡一種新的讀書風氣，散見於其有名的家書、家訓、日記及文集中。

照理，曾氏的家訓之類，誰都應當涉獵過，用不著在此特地再介紹。下面也只偶舉幾點，為近來有志提倡讀書運動的人作參考。

曾氏自己說：

僕早不自立，自庚子以來，稍事學問。（致劉孟蓉書）

原來曾氏在道光十八年戊戌，會試中式，即以是年成進士。及道光二十年庚子，散館授檢討。那時曾氏年已三十，而他實在是從那時起才開始走上講學的路徑。這時距今亦恰九十多年。他有名的家書，亦從庚子開始。然今刻家書裏所收，則只有庚子二月初到京後的一函。在他家書裏正式開始討論到讀書和做學問的，還要到道光二十二年壬寅的秋天。

那時曾氏的讀書課程是：

剛日讀經，柔日讀史。

他自己說：

讀經常懶散不沉著，讀後漢書已丹筆點過八本，雖全不記憶，而較之去年讀前漢書，領會較深。

當時的曾氏，已是清廷翰林院的檢討，國史的協修，在三十一二歲的年齡，才開始點讀前後兩漢書。他說「早不自立」，實非過自謙抑。曾氏在早年，用功的只是八股時文。誰料到中年是一個得意的闊官了，卻再發憤讀書，而將來也竟有如許成就。這一點，使我們感到讀書運動的對象，不該老是一輩大中小學校裏的青年和兒童，或是推車賣漿不識字的貧民；而社會上的中年人物，比較站在領導地位的搢紳士大夫，尤其應該是我們讀書運動的第一對象呀！至少他們都應該「稍事學問」，庶乎希望可再有曾氏般的人物出現。否則青年們縱是努力讀書，若將來涉足社會，便可不學無術，另以一種捷徑高翔，那豈不是任何學術全成了八股？此其一。

曾氏自成進士，入翰林，以後官位日高，由侍講侍讀擢升內閣學士，歷任禮、兵、工、刑、吏各部侍郎，又做過好幾次主考閱卷大臣。自道光二十年到咸豐二年放江西正主考官，以丁艱回籍，前後十三年。雖處境較優，而「應酬之繁，日不暇給」（道光二十四年三月家書）一類的話，在他家書裏，屢次見到。可見他在當時，已並不能擺棄一切，專意讀書。此後則從事兵戎，生活一變，更不是讀書的環境。然他從咸豐二年創辦鄉團，直到同治三年攻破南京，前後又恰是十三年。在這宦海紛綸，乃至戎馬倥傯的二十多年時間裏，曾氏卻建立了他學業上卓絕的成就。這一點，又使我們感覺到，讀書並不定要一種特殊的環境，乃及一種特殊的生活，而實為社會一般人大家所能從事的。至於達官闊人，政軍大僚，以及社會上各色各行的領導人物，他們已然負擔著國家社會更大的重任，那麼他們更該「稍事學問」，奉曾氏為模範。此其二。

（三）

至論曾氏學問、事業，何以能互相輝映，而各有其卓絕的成就，一面固是由於其意志之堅毅，生活之嚴整；而另一面，則在其眼光之遠大，與方法之切實。此則關於為學擇術之點，我們尤當注意。曾氏本是一個做時文八股的舉子，一旦入京華，走進讀書講學的世界，其初頗得益於朋友交游之啟示。他道光二十二年的家書上說：

> 吳竹如近日往來甚密，來則作竟日談，所言皆身心國家大道理。

又說：

> 子序（吳嘉賓）之為人，予至今不能定其品，然識見最大且精。嘗教我云：「用功譬若掘井，與

其多掘數井而皆不及泉，何若老守一井，力求及泉，而用之不竭乎！」

這是曾氏最先討論到學問的第一封家書。他所述兩位朋友的言論，已大體規定了曾氏將來學問成就之規模。若不是「老守一井」從「約而專」上用功，則博雅考訂，乾嘉以來的四庫翰苑之學，實與曾氏將來的事業生活不相容。若老守一井，而注意不在「身心國家大道理」上，則不賢識小，謏聞淺見，不僅對其將來事業無所裨補，而他的學問地位亦決不能高卓。所以如用「約」的工夫，便須先從「大」處著眼，這是相互為用的兩面。

曾氏用「約」字訣讀書，屢見其家書、家訓中。如云：

窮經必專一經，不可泛騖。讀經以研尋義理為本，考據名物為末。讀經有一「耐」字訣，一句不通，不看下句。今日不通，明日再讀。今年不精，明年再讀。此所謂耐也。讀史之法，莫妙於設身處地。每看一處，如我便為當時之人，酬酢笑語於其間。不必人人皆能記也，但記一人，則恍如接其人。不必事事皆能記也，但記一事，則恍如親其事。經則窮理，史以考事，舍此二者，更別無學矣。（道光二十三年正月家書）

又說：

經則專守一經，史則專熟一代，讀經史則專主義理，此皆守約之道，確乎不可易。若經史之外，諸子百家，汗牛充棟，或欲閱之，但當讀一人之專集，不當東翻西閱。如讀昌黎集，則目之所見，耳之所聞，無非昌黎，以為天地間，除昌黎集而外，更別無書也。此一集未讀完，斷斷不換他集，亦「專」字訣也。讀經讀史讀專集，講義理之學，此有志者萬不可易者也。聖人復起，必從吾言矣。（同上）

他又說：

讀背誦之書不必多，十葉可耳。看涉獵之書不必多，亦十葉可耳。但一部未完，不可換他部，此萬萬不易之道。阿兄數千里外教爾，僅此一語。（道光二十四年三月）

那時曾氏對於「守約」的讀書法，已有十分堅確的自信。他的此項見解，至老不變，實與當時博雅考訂之學，絕然異趨。他以後教人「耐」字訣，「恒」字訣，「拙」字訣，「誠」字訣，以及「紮硬寨，打死仗」的口號，凡曾氏功業上的成就，和其從事學問的精神，處處呼吸相通，沆瀣一氣。

（四）

讀書既主守約，則選擇不可不審。所以他說：

買書不可不多，而看書不可不知所擇。韓退之為千古大儒，而自述所服膺之書不過數種。柳子厚自述所讀書，亦不甚多。本朝善讀書者，余最好高郵王氏父子。讀書雜誌中所考訂之書，凡十六種。經義述聞中所考訂之書，凡十二種。王氏父子之博，古今所罕，然亦不滿三十種。余於四書、五經外，最好史記、漢書、莊子、韓文四種，好之十餘年，惜不能熟讀精考。又好通鑑、文選及姚惜抱所選之古文辭類纂，余所選十八家詩鈔四種，共不過十餘種。（咸豐九年四月。其他曾氏所述書目散見者尚多，然大體相類似。）

讀書能選擇，實為守約之第一要義。而選擇的標準，應該「先務乎其大」。最可代表這種精神的是曾氏的聖哲畫像記。他說：

書籍之浩浩，著述者之眾，若江海然，非一人之腹所能盡飲也，要在慎擇焉而已。

姚姬傳氏言學問之途有三，曰義理、曰詞章、曰考據。戴東原氏亦以為言。如文王、周公、孔、孟之聖，左、莊、班、馬之才，誠不可以一方體論矣。至若葛（諸葛亮）、陸（贄）、范（仲淹）、馬（司馬光），在聖門則以德行而兼政事也。周、程、朱、張，在聖門則德行之科也。皆義理也。韓、柳、歐、曾，李、杜、蘇、黄，在聖門則言語之科也，所謂詞章者也。許、鄭、杜（佑）、馬（端臨）、顧（炎武）、秦（蕙田）、姚（鼐）、王（念孫、引之父子），在聖門則文學之科也。顧、秦於杜、馬為近，姚、王於許、鄭為近。皆考據也。此三十二子者，師其一人，讀其一書，終身用之有不能盡。若又有陋於此，而求益於外，譬若掘井九仞而不及泉，則以一井為隘，而必廣掘數十百井，身老力疲而卒無見泉之一日，其庸有當乎？

大凡有意指導人讀書，終不免要做一番開書目的工夫。清代乾嘉學全盛時期的代表書目，便是江藩國朝經師經義目錄，以及接踵而起的皇清經解正續編。這一類繁瑣的考證學，除非特殊環境以内的特殊人物，無法接近，亦無法研究。陳澧已識其錮蔽而思有以變之，然陳澧勸人讀注疏，仍不脱經師經義範圍。曾氏則不然，正因他早年没有受錮蔽，故能徹底擺脱當時傳統考據學之束縛。此所以陳氏仍還是「博士」之學，而曾氏始得謂眞是「士大夫」之學。而曾氏卻又能相當的採取考據學之長處。其家書中多有不取考據的言論，而家訓中則主採考據訓詁之長，此是曾氏學問與日俱進之一證。又曾氏論考據淵源，分杜馬、許鄭為兩派，以顧秦接杜馬，以二王接許鄭，將考據學範圍放大，更是一種絶大見識，為乾嘉諸儒所未逮。

（五）

當知乾嘉學之錮蔽，正為把考據範圍看狹了，專側重在許、鄭一邊。於是他們的學術路徑，便不期然而然的趨向到校勘、訓詁方面去。極其所至，二王遂成為此一方面成績之最高表現。現在曾氏把考據範圍放寬了，又特為闢出杜、馬一路直到顧炎武與秦蕙田，那便在經學之外擴開了史學，於校勘、訓詁之外，闢出了典章、制度。至少這樣一來，更與陳澧所舉「於世有用」的一目標上，更易接近了。而陳澧東塾讀書記的價值，所以不免稍遜於顧炎武之日知錄者，其主要關鍵亦在此。所以曾氏在考據學路上特提杜、馬兩人，實在是深具意義的。

曾氏曾從唐鏡海聞義理，又私淑於姚姬傳學古文法，而曾氏之言義理文章，其識解意境，也均超出於唐、姚二人之上。曾氏與唐、姚之異點，也正在唐、姚空疏，而曾則博大。此等處，均見曾氏學問實有所精深自得，實有另闢戶牖、別開塗徑之氣魄與抱負。

孫鼎丞芻論，追溯洪、楊亂源，深歸咎於漢學家言。而曾氏為之作序，謂孫譏之已甚。此猶漢學家譏評陽明提倡良知學，釀成晚明之禍。如此刻深立論，其流弊終不免同陷於黨仇訟爭。而曾氏對乾嘉漢學，其立論似轉較陳澧為持平，此尤不可及也。曾氏序文，作於咸豐九月己未，時曾氏尚在軍中。可見曾氏為學，實能抉破乾嘉以來義理、考據、詞章三派之藩籬，而求能從大處著眼，俾可兼得三者之精華。他的聖哲畫像記，平心論之，不能不說他的識解氣魄，與其指示學術途徑，確已越出江藩、陳澧之上。就現在平心立論，也必如曾氏為學，乃庶可有當於陳澧之所謂士大夫之學。亦必如此，乃庶可謂是士大夫略觀大義之學也。略觀大義，並非忽略粗疏之略。所謂大義，亦非陸象山所謂「著意精微轉陸沉」之義理。此層學者貴細辨。

現在讓我們回頭來看最近的學術界。似乎領導學術者，其存心多只看重了博士之學，而不看重士大夫之學。因為有此趨嚮，所以我們當前的學術空氣，漸漸和一般社會分離，而形成為一種特殊環境裏的一種特殊生活。一個有志讀書的青年，他們的最要條件，便是盼望能走進像樣的大學，浩博的圖書館，完備的研究所。而論其學問之所成就，則只是一種近乎博士論文式的著作。我們並不說學術界不該如此，卻不能認為學術界只該如此。若我們放大眼光，為一般社會著想，便見學問並不全是關門而做的事。有一種是專門博士之學，為少數人所專攻；另有一種則是普通的士大夫之學，為社會多數智識分子所應領解。曾氏聖哲畫像記所論，若以專家博士學的眼光來評量，有人不免將目其為淺陋。但若注意到社會上一般人物之陶冶與進修，則曾氏的見解，實在是極可取法了。

（六）

惟專就曾氏個人論，曾氏亦並不僅是一個具有開明常識的讀書人，曾氏實還是一個有學術上特殊地位特殊貢獻的學者。自然，我們該先具第一條件，再希第二條件。曾氏對學術上的特殊地位，即是他的詩古文之學。曾氏對此，亦屢屢自已說過。他說：

> 惟古文各體詩，自覺有進境。將來此事當有成，惟恨當世無韓愈、王安石一流人與我相質證耳。（道光二十三年正月家書）

此乃曾氏開始自覺地尋到他學問的前程，那時他已是三十四歲的年齡了。他那時自定一個每日熟讀的書目是：

> 易經、詩經、史記、明史、屈子、莊子、杜詩、韓文。

這一書目，亦即就他自感最有希望的詩、古文的前程上來選定。曾氏自說：

國藩粗解文章，由姚先生（鼐）啟之。（聖哲畫像記）

然曾氏對詩、古文的見解，其精深博大處，實非姚氏所及。曾氏對於指導研究文學上最可寶貴的意見，即在勸人讀專集，而不要讀選本。他說：

吾意讀總集不如讀專集。……學詩須先看一家集，不要東翻西閱。（道光二十三年六月家書）

又說：

學詩無別法，但須看一家之專集，不可讀選本，以汩沒性靈。（道光二十五年三月家书）

曾氏從不要汩沒性靈的見解上，來勸人勿讀選本，這眞是研究文學一種極可珍視的意見。

曾氏又主詩文以聲調為本之說，此層則源自姚鼐。曾氏、姚氏皆主以聲調探取性靈，從此使讀者精神與作者精神相訢合。此乃從文學上的探求來接觸古聖賢的心情，使讀者與作者呼吸相應，不啻同堂而覿面。此一境界，與當時博雅派所主從訓詁考訂上來認識聖賢眞理者，其實也是各得一邊，雙方未見有十分的高下。所以桐城派古文家在乾嘉樸學極盛時代，終還有其相當的位置。曾氏研攻詩文，最愛韓愈、王安石，蓋取其雄直之性趣，倔強之格調，與己相近也。曾氏說：

讀原毀、伯夷頌、獲麟解、龍、雜說諸首，岸然想見古人獨立千古，確乎不拔之象。（求闕齋日記類鈔壬戌）

又云：

閱陶詩全部，取其大閑適者記出，將鈔一册，合之杜、韋、白、蘇、陸五家之閑適詩，纂成一集，以備朝夕諷誦，洗滌名利爭勝之心。（辛未）

蓋雄直倔強，曾氏性格之所長；恬憺閑適，曾氏性格之所短。曾氏研攻詩文，著眼在此兩點上，切就己身，釋回增美。縱使不以詩文名家，而此種研習方法，對於自己性靈修養上，也會有絕大益處。此仍是士大夫之學所以與博士學不同所在。

（七）

然若專重性靈，則往往易陷於空虛，而曾氏則並無此弊。曾氏嘗謂：「雄奇萬變，納之於薄物小篇之中」（聖哲畫像記），此可謂是曾氏論詩文所懸一大標的。至其對於學術大體之見解，歸納於以文學為全部學問之中心之一點，則見於其致劉孟蓉書。故曾氏既選定了一部十八家詩鈔，主從專集求性靈，又選了一部經史百家雜鈔，則義理、考據、辭章，兼收並蓄，一以貫之。曾氏認為此三者，莫非為文之所有事。今天的我們，必須參會曾氏此兩選本，細細研尋，庶可得曾氏論詩文學之整部見解。如近人專拿「文以載道」一語來輕蔑桐城、湘鄉派古文，此亦只見為是近人之淺見而已。

然曾氏學術，論其對自己個人人格及事業上之影響，可說甚深甚大。而就其在近百年來學術界上之影響言，則究竟還嫌不夠。這又是何故呢？我想：

一則曾氏從事學問，已在中年，又久歷兵戎，日不暇給，實嫌其在學術上未能自竭其能事。

二則曾氏幕府賓僚，相從於戎馬之間者，究以功名事業之士為多，未能深細接受曾氏論學之淵旨。

三則曾氏論學，除對詩古文辭有獨特卓見外，究竟也還是切實處多，高明處少。其家書、家訓，諄諄然恰是一個賢父兄之教訓其家人子弟，而究異乎一代大師之暮鼓晨鐘，發揚大道。這是曾氏為學根本缺點。

故論曾氏學問上的成就，到底只在文學一途多些。論義理，則僅較唐鏡海諸人差強。論考據，則曾氏雖見及有杜、馬、顧、秦這一路，而他自己在此一條路上，全未能建立起規模來。因此曾氏幕僚中的學者，也只有吳摯甫、張濂卿一輩文士，稍有成就。曾氏以後人，崇仰曾氏者，以道德、文章、經濟俱備之一點，把曾氏與陽明並論。實則曾氏在當時政治上的影響，遠較陽明為大。而論學術思想，則視陽明望塵莫及。近百年來第一個偉大人物像曾氏，論其在讀書運動的成績上，因此竟亦暗慘地沒落了，這不能不說是我們這時代一個極大的損失。

三　張之洞

（一）

述說近百年來諸儒之讀書論，陳澧、曾國藩以下，便不得不提到張之洞。張之洞，嚴格說，算不得是一個合標準的學者，但他的書目答問和勸學篇，確是代表了當時學術界一種風氣和傾向。書目答問雖有人說是他倩人代作，然我們在這裏，不妨仍用他名字來敘述。

書目答問算不得是一部指導人做學問的門徑書，只好算是一部便於繙檢的參考書。一部指導人做學問的門徑書，至少該備具下列幾條件：

一、在於他所想要指導人做的學問裏面，擺出一個體系，而顯示其相互間之緩急輕重先後。

二、指出做此項學問的幾部人人必讀的基本書，使學者有處下手。

三、提示該項學問之極高境界，使做此項學問的人有一個努力追求的目標。

讀曾氏的家書、家訓，雖似簡陋，然循此做去，卻可成就一種學問，因為曾書備具上列的條件；而書目答問則否。他裏面整整齊齊排列著經、史、子、集、叢書五大類，每一類中又各分子目，至於三四十項，一些也不漏。似乎全部的學問其實只是書本，都平鋪放在一堆，教人茫如煙海，望洋向若，問津無從。書目答問中所舉書共二千餘種。若論卷數，則應在十萬卷上下。分類言之，經、子兩部，都在一萬卷以上，集部幾及兩萬卷，史部則出兩萬卷之外。這樣巨大的書目，只好算是一種簿錄，絕不能作為指導人讀書的門徑。然而答問開首的略例明說：

> 此編為告語生童而設。
>
> 諸生好學者來問應讀何書，……因錄此以告初學。
>
> 讀書不知要領，勞而無功。……今為分別條流，慎擇約舉，……令其門徑秩然，緩急易見。……

總期令初學者易買易讀，不致迷惘眩惑而已。

茲乃隨手記錄，欲使初學便於繙檢。

所舉二千餘部，疑於浩繁，然分類以求，亦尚易盡，較之汎濫無歸者則為少矣。

諸生當知其約，勿駭其多。

可見他明明要做一部指導初學的簡約的門徑書，而所開書目竟如此浩繁。這只好說是編答問的人，自己就不知學問；或是他自己對學問上，便就不知甘苦，不知深淺，並未眞實如此般去下工夫。所以羅舉了二千餘部書目，卻叫初學的人「當知其約，勿駭其多」。其實答問中所告訴我們的，只是一些版本、目錄之學，可說是為一般校勘家、收藏家初步應有的常識。而版本目錄校勘收藏，還只是給做某種學問的人以一種方便，並不算是一個門徑。若是其人先對某一種學問稍知門徑了，再來繙看書目答問，也未嘗無助益。若其人對各項學問，尚屬全無門徑，而想從書目答問中去尋找，則他所尋到的，自然是一種版本學、目錄學的門徑，或是校勘、收藏家的門徑罷了。因此書目答問的功效，不啻像在教人去做一種版本目錄的學問，或是做一種校勘收藏的工夫。而在指示人眞實做學問的一點上，則可說並無貢獻。這無異乎告訴我們，在那時提倡讀書的人，他實在也只能提倡一種目錄版本之學，他只能領人走上收藏或校勘的路子。最多亦不過造成一種博雜無統，汎濫無歸的學風而已。

（二）

或者有人要為答問辯護，說此書略例本云：

> 弇陋者當思擴其見聞，氾濫者當知舉其流別。

本來教人讀書，當視其性之所近，分類以求；答問備列羣書，也並不是教人去做博雜無統，氾濫無歸的學問。此說似而實非。學有流別，學者當就性近，此二義發於章實齋。章實齋的文史通義，本是對於他當時經學考據獨霸權威的風氣下之一種抗議。其校讎通義一書，所謂「平章學術，考鏡源流」，亦是對當時四庫館臣一種進一步的獻議。然當時四庫館臣所編總目提要，雖不能上追劉、班，下媲漈，做到章氏所論平章學術、考鏡源流之能事，終還有他的提綱挈領、溯源竟委處。以書目答問較之四庫提要，則所出尚遠在其下。讀提要，多少可以知道些古今學術的流變得失；讀答問，便只能知道一些現行版本的異同、精惡。所以答問一書，最多是一部便於繙檢的目錄，不能從他書裏來懂得學問的流別。

或者又說：答問所錄，其原書為修四庫時所未有者，十之三四。四庫有其書，而校本、注本晚出者亦十之七八。（見略例）精注精校，是清代二百四十年學人工力所萃。答問為書，在這點上，至少透露著清代的學術精神。若純從清學作觀點，此書不能不說是一個門徑。此說亦似而實非。即論清代，順、康、雍早年，與乾、嘉全異。不僅明末遺老如黃、顧諸大儒，那種生動博大的精神，在答問裏全看不出。即乾、嘉考證學全盛時代之森嚴壁壘，亦復在答問裏昧失了。從清初到乾、嘉，我們還可說學術重心之轉移。從乾、嘉到晚清，則實是學術重心之消失。答問為書，則正是乾、嘉考證學墮落到消失重心以後的出品。因此這一部書目，縱然收羅著不少乾、嘉以下的精校注本，而實際已是游魂失魄，沒頭腦，沒綱領，極其能事，亦止於是目錄校勘而已。若定要找尋代表清代漢學家的一部門徑書，則毋寧還是江鄭堂（藩）所著的漢學師承記和那篇國朝經師經義目錄，來得更好些。

（三）

張氏原書書目五卷後，亦附一個國朝著述諸家姓名略。他說：

> 讀書欲知門徑，必須有師。師不易得，莫如即以國朝著述諸名家為師。……知國朝人學術之流別，便知歷代學術之流別。胸有繩尺，自不為野言謬說所誤。

其姓名略又分經學、史學、理學、經學史學兼理學、小學、文選學、算學、校勘學、金石學、古文家、駢體文家、詩家、詞家、經濟家十四門。他說：

> 由小學入經學者，其經學可信。由經學入史學者，其史學可信。由經學史學入理學者，其理學可信。以經學史學兼詞章者，其詞章有用。以經學史學兼經濟者，其經濟成就遠大。

這裏好像著答問的人，亦想把清代學術來籠罩古今，而以小學為清代學術的最先根基；他指示學術大體，亦自有系統，自有塗轍，不能說他僅是一堆的書目。然而亦不盡然。若論學術大體，則張氏所分十四門，可謂不倫不類。若論為學層次，則「由小學入經學」一語，可說是開口便錯了。若謂清代大師治經，多通小學，此誠有之。若謂必由小學入經學，則不僅清初如顧炎武、張爾岐（此依姓名略所舉）一輩並不然，即稍後胡渭以至惠棟諸人亦不然。甚至王念孫、王引之、段玉裁諸人，謂其專精小學則可，若謂其是由小學入經學，亦不免看錯了他們。姓名略所舉「漢學專門經學家」凡一百五十一人，試問這裏面幾個是真由小學入？又「漢宋兼采經學家」五十人，如黃宗羲、宗炎以下，試問他們是否亦由小學入？若不自小學入，是否可說其經學便不可信？

至謂「經學入史學，其史學可信」，則更屬影響之談。如章學誠，不能不說其史學可信，但卻不能說他由經學入史學。如崔述，可說由經學入史學，答問所列史學家中無其名，而歸入漢宋兼采的經學家中。根據姓名略兩百零一個人的名單來研究經學，不免要使人迷惘眩惑。若根據姓名略史學家九十個人的名單來研究史學，便會更得不到史學上的一些綱領把握的。在此九十人中，大部可說是經學考據之旁門，須嚴加洗汰，始可呈現出史學規模。一面還須添入，如王船山、秦蕙田、崔述諸人入經學，潘次耕、嚴可均諸人入小學，劉獻廷、戴名世諸人則各門皆無。

至於理學、詞章、經濟，照他排列，尚在小學、經、史三累之下，那就更可不論了。而答問又說：

> 士人博極羣書而無用於世，讀書何為？故以經濟一家終。

不知清初諸老多講經濟，卻尚不甚重小學；逮及乾、嘉考證學全盛時，方力尊小學，卻又不重經濟。道、咸以下，漸漸又重經濟，而小學卻又漸漸為人淡視。今答問不辨此中消息，其教人治學，似乎該由小學始，由經濟終。在他似乎既不知道小學的甘苦，又不知道經濟的艱巨。對於清初及乾、嘉兩段的學術界，既屬顧此失彼；即在晚清一派經世致用的新思潮下，亦可謂是不分輕重。徒然捃摭了一些裝點門面話頭，而精神則全不在此，明眼人自能識破。所以我說書目答問只可供稍知學問門徑的人作參考翻檢之用，而並不能指導初學走上學問的門徑。

而不幸六十年來的學術界，卻多把此書當作教人治學的門徑書看。湘潭葉德輝說：

其書損益劉、班，自成箸作。書成以來，翻印重雕不下數十餘次。承學之士，視為津筏，幾於家置一編。

則六十年來的學術界，（按：答問刊於光緒元年。）宜可不言而喻矣。

張氏尚有輶軒語，與答問同時並刊，然其書益庸膚，偶作門面套語，全是模糊影響，無足深論。本來清代學術，到同、光以下，已是勢在必變，然以陳蘭甫、曾滌生兩人的氣魄力量，尚不能負之以趨。張之洞則只是一名士，一顯宦。相傳繆荃孫為其代撰答問一書，不知信否？要之其人亦只是一名士。由他們來指導人學術門徑和讀書方法，其成績宜乎難得使人滿意了。然而依今而論，則官僚如張，名士如繆，亦已不可多得。學術一差，人才自退，即此便是一好例。

（四）

張氏又有勸學篇，在書目答問後二十四年，其意識態度乃與答問大變。他說：

先博後約，孔孟之教所同，而處今日之世變，則當以孟子守約施博之說通之。……孔孟之時，經籍無多，人執一業，……官習一事，……其博易言。今日四部之書，汗牛充棟，老死不能徧觀而盡識。即以經論，古言古義，隱奧難明，謫舛莫定。後師羣儒之說解，紛紜百出，大率有確解定論者，不過什五。滄海橫流，外侮洊至，不講新學則勢不行，兼講舊學則力不給。再歷數年，苦其難而不知其益，則儒益為人所賤。聖教儒者，寖微寖滅，雖無嬴秦坑焚之禍，亦必有梁元文武道盡之憂。此可為大懼者已。……今欲存中學，必自守約始，守約必自破除門面始。爰舉中學各門求約之法，條列於後。損之又損，義主救世，以致用當務為貴，不以殫見洽聞為賢。（守約內篇第八）

這幾句話，和答問略例所謂：「所舉二千部，分類以求，亦尚易盡，諸生知其約，勿駭其多」云云，竟如天壤懸隔了。平心而論，不能不說這是張氏的覺悟和進步。這是在此二十四年中大勢推遷，逼得他不得不如此想，如此說；逼得他不得不破除門面，再不敢以「殫見洽聞為賢」，再不敢教人以「博雜浩瀚為學」。因此，書目答問還是保存著乾、嘉相傳之門面，而勸學篇乃透露了同、光以下的時世。由博反約，正是近百年來諸儒論讀書一個共同傾向，共同要求。陳蘭甫、曾滌生皆有此意。張之洞雖乏深知灼見，然在此亦不能自外，正見這是時代的壓力。

然而讀書求博固難，求約更不易。求博只須「功力」，求約則貴有「識趣」。乾、嘉以來學者，幸值社會安定，世運昇平，一向務博，儘肯用功夫，但識趣卻日卑日下。一旦要改走守約路子，請問又如何個約法？勸學篇說：

一、經學通大義。

論、孟、學、庸以朱注為主，參以國朝經師之說。劉、焦正義，可資考鑑古説，惟義理仍以朱注為主。

易止讀程傳及孫星衍周義集解。

書止讀孫星衍尚書今古文注疏。

詩止讀陳奂毛詩傳疏。

春秋左傳止讀顧棟高春秋大事表。

春秋公羊傳止讀孔廣森公羊通義。

春秋穀梁傳止讀鍾文蒸穀梁補注。

儀禮止讀胡培翬儀禮正義。

周禮止讀孫詒讓周禮正義。

禮記止讀朱彬禮記訓纂。

孝經即讀通行注本，不必考辨。

爾雅止讀郝懿行爾雅義疏。

五經總義止讀陳澧東塾讀書記，王引之經義述聞。說文止讀王筠說文句讀。

張氏說：

以上所舉諸書，卷帙已不為少，全讀全解，亦須五年。故主張就原本擇要鈎乙標識，但看定論，引徵辨駁不必措意。又欲節錄纂集以成一書，皆采舊說，而不必章釋句解，期以一年或一年半畢之。

張氏又說：

總之必先盡破經生著述之門面，……然已非村塾學究科舉時流之所能矣。

以上是張氏對讀經的守約論。我所以在此不憚詳舉者，一則自新文化運動以來，一時蠭起的「學生國學必讀書目」，以及各種「學生國學叢書」之類的編行，其實仍只是同一個時代需要下的產物，在張之洞時已然提及。二則最近又有一種新興的讀經運動，卻只聽見人提倡讀經，沒看見人指導人如何讀法。似乎只要是讀經便得，更不感有問題。此其對於經學上的常識瞭解，又比張氏當時倒退得多了。現在重新提出張氏的勸學篇，正可使我們當前的新舊兩派，都用來作一個參考。

二、史學考治亂典制。

史學切用大端有二：一事實，一典制。事實求之通鑑。通鑑之學，約之讀紀事本末。典制求之正史、二通。正史之學，約之以讀志，及列傳中奏議。二通之學，通典、通考，約之以節本。通考取十之三，通典取十之一。考史之書，約之以趙翼二十二史劄記。史評約之以讀御批通鑑輯覽。凡此皆為通今致用之史學，若考古之史學，不在此例。

此為張氏對於史學之守約論。

三、諸子知取捨。

四、理學看學案。（黃梨洲明儒學案，全謝山宋元學案，以提要鉤玄法取其什之二。）

五、詞章讀有實事者。

六、政治書讀近今者。（百年以內政事，五十年以內奏議。）

七、地理考今日有用者。（形勢、水道、物產、都會、交通、險要、海產邊防、通商口岸。）若漢志之證古，水經注之博文，姑俟暇日。

八、算學各隨所習之事學之。天文、地圖、化力光電，一切格致製造，莫不有算。

九、小學但通大旨大例。

此為張氏對於各項學問之守約論。平心論之，其間實自有幾許通明的見解。如經學先四書，四書專主朱注。史學主通今致用，不取考古。理學重新加入到學問的圈子內。小學退居到最後。這幾點，只須稍治清代學術史的，便可知其意態之開明與識解的重要了。

（五）

然而張氏還深恐那種守約的方案，不能見效。他說：

如資性平弱，並此亦畏難者，則先讀近思錄、東塾讀書記、御批通鑑輯覽、文獻通考詳節。果能熟此四書，於中學亦有主宰矣。

讓我們回頭再看他二十四年前的書目答問，千百種精校精注本，分門別類，儼如七寶樓臺，何等莊嚴！待到勸學篇裏，語氣竟如此蕭索，一再的打折扣，只希望人能讀近思錄、東塾讀書記、通鑑輯覽、通考詳節。偌大的學術門面，到底破壞無遺了。這不能叫作「守約」，只能算是「居陋」。譬如一個大商店，愈是削盤大落價，過客愈是懷疑，不願光顧，結果只有關門大吉。張之洞的勸學篇，似乎是那商店大減價的廣告，便是將近歇業之預兆。

從光緒元年到光緒二十四年，中國學術界一般情形之惡化，及其急轉直下之勢，正可於張氏的先後兩書中看出。答問刊於四川，勸學篇刊於江蘇，這裏也有一些地域的關係。四川僻在長江上游，還能使當時人發其懷古之幽情。江蘇接近海洋，門戶洞開，風氣鼓盪，便最先搖動。因此張之洞在晚清學術史上，雖說沒有他的地位，然而他究已粉墨登場，由他來表演出當時一幕很重要的劇情了。

四 康有為

（一）

近百年來的讀書運動，上面雖述說了陳、曾、張三人，然陳澧所說，只是一個學者偶感而發的不公開的私議，曾國藩則是一個賢父兄對他家庭子弟的家訓，張之洞則是一個闊官僚，裝門面，對下屬的教誡。若儼然以聖賢大師自命，對於當時傳統的讀書風氣，加以鮮明反對，而嚴正地出來提倡一種新的讀書風氣的人，則此一百年內，不得不首先要輪到康有為。

康氏生於清咸豐八年戊午，距今不到八十年。他正式起來做一種嚴肅的新讀書運動，厥為其三十四歲在廣州長興里萬木草堂之講學。時為清光緒十七年辛卯，距今四十五年，還不到五十年。近代的新讀書運動，嚴格說來，並不是百年以內的事，而只是五十年內的事。

（二）

記載康氏萬木草堂講學詳情的，有康氏自著的長興學記，及其弟子梁啟超的南海康先生傳。長興學記是主持講學者當時手定的一種學規，康先生傳則為當時從學者事後追憶的一種講學精神之描寫。梁氏說：

先生以為欲任天下之事，開中國之新世界，莫亟於教育，乃歸講學於里城。

又說：

其時張之洞實督兩粵，先生勸以開局譯日本書，輯萬國文獻通考，張氏不能用；乃盡出其所學，教授弟子。

張之洞刊布書目答問，在此前十七年，其為勸學篇，則尚在此後七年。大概當時的張之洞，在他心中，還只知道一大批國朝諸先生的精校精刊書目錄，對康氏意見，自然不易接受。至康氏講學精神，梁氏說他：

以孔學、佛學、宋學為體，以史學、西學為用。其教旨專在激厲氣節，發揚精神，廣求智慧。

這竟依稀是回復到晚明諸遺老之矩矱。乾、嘉以來學者，可說無一人知有此境界。尤可異者，在他所想像的學術體統裏，竟無「經學」一門，因之校勘、訓詁、輯佚種種乾、嘉以來正統相傳認為了不起的治學工夫，充分表現在張之洞書目答問裏的，一到康氏所提倡的新學統裏，可說已全無地位。即陳澧主張看一部注疏的見解，似乎在康氏學統裏看來，亦可謂無甚意味了。另一點值得注意者，康氏的新學統裏，也沒有了文學一門，以此較之曾國藩的家書、家訓所指示的路徑面貌，又自絕然不同。陳澧只想就乾、嘉經學上略略作補偏救弊的工夫，因此他主張漢、宋兼采。曾國藩則只就桐城派古文家的見解稍事擴大，而容納了些經學上訓詁考據的長處。平心而論，康氏所提倡的新學，比之陳、曾兩人該是高明得多了。至如張之洞，無別擇，無旨趣，僅僅是開一個目錄，說一些門面話，究竟談不到所謂學術與門徑。

至康氏以宋、明學與孔學並重，這已為乾、嘉學者所不肯言；而其以佛學與孔學並重，則又為宋、明學者所不敢言。至云「以孔學、宋學為體，以史學、西學為用」，其意似以自然科學、社會科學與哲學對立，亦較近人只認有科學不認有哲學者稍勝一籌。亦比「中學為體，西學為用」之說較少毛病。至其教旨，提出「激厲氣節」，「發揚精神」，「廣求智慧」三項，尤其恰中了清代兩百多年在異族統治下所壓迫成的士大夫意態風氣之痼疾。即以最近二三十年的大學教育言，能做到廣求智慧一項，已遠不易。不僅講文史的只是紙篇字面之學，脫不掉乾、嘉以來訓詁、考據、記誦之積習；即治科學的，亦還不免如此。在講堂上稗販，豈不仍等如在紙篇上搬弄。至於激厲氣節，發揚精神，此兩項，在主政者固無此意提倡，即掌教者亦少見及其重要。我深感梁氏所記康氏當日萬木草堂一段講學精神，卻實有再受我們今日注意之價值。

因為康氏所欲提倡之新學術，與陳、曾、張諸人不同，可以說前一種是「經籍書本」之學，而後一種乃是「人文知行」之學。故在陳、曾、張諸人，只須開一書目，學者可以閉門自求；而康氏則感覺需要恢復宋、明講學的精神。他在長興學記裏提出此意見說：

孔子曰：「學之不講，是吾憂也。」陸子曰：「學者一人抵當流俗不去。故曾子謂以文會友，以友輔仁。朋友講習，磨勵激發，不可廢矣。」顧亭林鑑晚明講學之弊，乃曰：「今日祇當箸書，不當講學。」於是後進沿流，以講學為大戒。江藩謂：「劉台拱言義理而不講學，所以可取」，其悖謬如此。近世箸書，獵奇炫博，於人心世道，絕無所關。戴震死時乃曰：「至此，平日所讀之書皆不能記，方知義理之學可以養心。」段玉裁曰：「今日氣節壞，政事蕪，皆由不講學之過。」此與王衍之悔清談無異。故國朝讀書之博，風俗之壞，亭林為功之首，亦罪之魁也。

如此說來，在陳、曾、張諸人，似乎只要有一種讀書運動已够，而在康氏則主張在讀書運動之上，先要有一個講學運動。讀書只是講學中所有之一事。講學乃為讀書一事所應先決的問題。宋、明學者太看重講學了，流弊遂成只講學而不讀書。顧亭林則只從此點加以挽救，不謂經歷清代異族高壓統治兩百年後，學者只知讀書，不復知講學，於是所讀日趨於紙篇字面記誦考訂，而與人文知行了無關。換言之，社會只有了經師，卻不能有人師。因此學術界也只能有學問，卻不再有人才。康氏以「讀書之博，風俗之壞」八字來批評清代二百年學人利病，可說一些也不差。康氏要在讀書之上先安一個「講學」，即此一點，已可說是兩百年來未有之卓識。

然而康氏長興講學迄今已五十年，世局震盪，千變萬化，康氏的意趣，終亦未為後人所了解。我們三十年來的大學教育，能重新走上讀書路子，已算是極大努力了。到最近，又有人在發起「讀經運動」，「書院制度復活」等等口號，這些都還算是在讀書的路上打圈子，依然仍是清代乾、嘉在異族統治下的舊把戲，似乎還趕不上康氏長興講學的一段意氣。

（三）

長興學舍的課程，分別如下諸目：

志於道：

一曰格物。（扞格外物，勿以人欲害天理。）

二曰厲節。（提倡後漢、晚明之儒風。）

三曰辨惑。（近世聲音訓詁之學，小言破道，足收小學之益，不能冒大道之傳。）

四曰慎獨。（劉蕺山據为宗旨，以救王學末流。）

這裏的第一項，即是要復立乾、嘉所推第一流學者戴震孟子字義疏證裏所要打破的「天理」「人欲」之辨。第三項則是要打破乾、嘉正統派所建立的聲音訓詁學在整個學術系統裏的地位。第二、第四項，則可說是康氏講學的新骨幹。

據於德：

一曰主觀出倪。

二曰養心不動。

三曰變化氣質。

四曰檢攝威儀。

依於仁：

一曰敦行孝弟。

二曰崇尚任恤。

三曰廣宣教恵。

四曰同體飢溺。

游於藝：

一曰義理之學。（原於孔子，推於宋賢，今但推本於孔子。）

二曰經世之學。（令今可行，務通變宜民。）

三曰考據之學。（賢者識大，是在高識之士。）

四曰詞章之學。

在這系統裏，乾、嘉考據只佔到第四項的第三目，而其間猶有大小之辨。乾、嘉考據學者能在大節目上下工夫的實在也並不多。

康氏說：

孔子之學，有義理，有經世。宋學本於論語，而小戴之大學、中庸及孟子佐之，朱子為之嫡嗣，凡宋、明以來之學，皆其所統，多於義理。漢學則本於春秋之公羊、穀梁，而小戴之王制及荀子輔之，而以董仲舒為公羊嫡嗣，凡漢學皆其所統，近於經世。義理即德行，經世即政事，言語、文學亦發明此二者。

孔子經世之學在於春秋，凡兩漢四百年，政事學術皆法焉。非如近世言經學者，僅為士大夫口耳簡畢之用，朝廷之施行，概乎不相聞也。

今與二三子通漢、宋之故，而一歸於孔子，譬如導水自江河，則南北條皆可正。

這是康氏的學術史觀。漢儒經世，宋儒義理，皆在孔門四科設教之系統下，而清代聲音、訓詁、考據之學不與焉。此是何等的大議論。

依照康氏之意，先要講明了應做如何樣的學問，才配說到須讀何等樣的書。康氏又說：

本原既舉，則歷朝經世之學，自二十四史外，通鑑著治亂之統，通考詳沿革之故，及夫國朝掌故，外夷政俗，皆宜考焉。宋、明義理之學，自朱子書外，陸、王心學為別派，四朝學案為薈萃。至於諸子學術，異教學派，亦當審焉。博稽而通其變，務致諸用，以求仁為歸。

此是長興講學教人讀書的大體見解。

當時未滿二十齡，親受業於萬木草堂的青年弟子梁啟超說：

余以少年科第，且於時流所推重之訓詁詞章學頗有所知，輒沾沾自喜。先生乃以大海潮音作獅子吼，取其所挾持之數百年無用舊學，更端駁詰，悉舉而摧陷廓清之。自辰入見，及戌始退，冷水澆背，當頭一棒。一旦盡失其故壘，惘惘然不知所從事。且驚且喜，且怨且艾，且疑且懼，竟夕不能寐。明日再謁，請為學方針，先生乃教以陸王心學而並及史學西學之梗概。自是決然舍去舊學，自退出學海堂，而間日請業南海之門。（梁以十七歲中舉，時年十八。）辛卯，余年十九，南海先生始講學於廣東城長興里之萬木草堂。……先生為講中國數千年來學術源流，歷史政治沿革得失，取萬國以比例推斷之。……日課則宋元、明儒學案，二十四史，文獻通考等。（以上具見梁氏三十自述）

雖說梁氏筆端常挾感情，然使熟治清代兩百年學術史的人，一看了長興學記的大概，自知梁氏此種記載，也未必是過分張皇了。

（四）

然而習俗移人，雖豪傑之士有不免。康氏在粵講學凡三年，而最先第一年裏，康氏已自陷落在經學考據的深阱中去了。他誤聽了川人廖平的一夕話，他誤以為漢代經學有「今」「古」文兩種絕不同的東西，他遂把一切古文說歸罪於王莽、劉歆之偽造。他以為後世流傳之經學，全是莽、歆古文學說，全是「偽經」，只可說是王莽新朝的新學，不能稱他為孔學。他要想在這上面入室操戈，摧陷廓清，把東漢以來迄於清代相傳的經學大統，一筆全寫在王莽、劉歆的帳上，然後他再提出一種新鮮的、道地的「新經學」出來，這即是南海康氏之學，而上托於董仲舒乃及公羊春秋。他要把考據工夫來推翻傳統的考據。

然而考據之學亦豈易言！往往為一個字，一個音，可以費人思考，累人年月，積了若干年歲，或更換了若干人物的若干說法，而始得一定論。現在康氏要以玩耍大刀闊斧的辦法來做閨房繡鴛鴦的考據工作，以他前後不滿兩年的時間，匆匆地寫成乃至刻成新學偽經考，（康以庚寅春得廖說，於辛卯秋七月刊成偽經考。關於此事，我尚有詳細考據，見近三百年學術史。）拔趙幟，立漢幟，為中國兩千年經學，獨創新說。當時萬木草堂青年弟子陳通甫、梁啟超，都曾為他此書幫忙，然已心懷不滿。這一書，簡直是考據裹的海派，野狐禪，不啻如清代初年毛西河之有意為古文尚書作寃詞。他不知乾、嘉以來的考據學，均遵守一種極謹慎極嚴肅的態度，要解決偌大一個問題，不該如此般鹵莽滅裂。

康氏一面自己存心菲薄考據工夫，一面卻想在考據圈裹翻新花樣。心粗氣浮，已失學者風度，同時亦因此引起了許多不必要的糾紛與麻煩。其時義烏朱一新長教廣雅，首先對康說表示懷疑，屢貽書獻難。康氏無法說服他，卻於朱氏死後說其「請我打破後壁實言，言已大悟，其與人言及見之書札者，乃門面語」云云；此如方望溪為李恕谷作墓志，一樣的誣其死友。其後新學偽經考為清廷下諭焚禁，康氏亦避遊桂林，而有桂學答問。

（五）

桂學答問與長興學記先後只隔四年，（辛卯至甲午）然而兩書精神遠異。他說：

天下之所宗師者，孔子也。凡為孔子之學者，皆當學經學。而經學之書汗牛充棟，有窮老涉學不得其門者，則經說亂之，偽文雜之。

如此說來，則孔學仍然是經學，而在經學上又要釐訂雜說，辨別偽文，則豈不仍須走上考據、訓詁的老路。康氏從此說到公羊春秋，董仲舒繁露，何休注，乃至於清儒陳立之義疏，劉逢祿之釋例，凌曙之禮疏諸書，則是仍走上了乾、嘉考據學的船頭了。而且照此路向，也還只是蘇州惠氏學專講家法師傳之一派，還及不到徽州學與揚州學之博通。

康氏本以論語與春秋為孔學之兩途，然自劉逢祿論語述何，下及戴望論語注，他們都想把公羊與論語打通，而結果已知此路不通了。現在康氏既專主公羊，則不得不拋棄論語，因而遂並拋棄了宋、明。本來康氏以公羊、穀梁分歸董仲舒、劉向兩家，把來包括漢儒經世之學；現在則專取公羊，於是又不得不拋卻穀梁乃至劉向。而康氏所謂漢學之經世，乃一變而為專講「微言大義」。康氏此兩種先後看法之不同，孰得孰失，是進是退，稍治儒學，即可以不煩言而辨。

總之，治孔學重論語，不失為是一條活路。若改重春秋，則是一條死路。此在宋儒早已看透，現在康氏仍捨活路而改走死路，還在春秋學中要專走公羊，則更是走進了牛角尖，更無出路，更無活意。人家說康氏攘竊了廖平的著作發明權而博得大名，我只說康氏上了廖平的大當而誤入歧途，葬送了他長興講學的前程，這實在是一件極可惋惜的事。

康氏又說：

孔門後學有二大支，其一孟子，其一荀子。孟子為公羊正傳，荀子為穀梁太祖，而羣經多傳自荀子，其功尤大。

這裏又發現了衝突。孟子是否公羊正傳？康氏已難自圓其說。今康氏既主專治公羊，則又何必再敷衍羣經多傳自荀卿之舊說。其實此等云云，本是乾、嘉早期經師之見解，若果要專取公羊家法，即無取乎此多傳羣經之荀子。

康氏又說：

> 孔學聚訟，不在心性而在禮制。白虎通為十四博士薈萃之說，字字如珠，與繁露可謂孔門眞傳秘本。賴有此以見孔學，當細讀。

此等話，更為荒唐。完全是道、咸以後始有的不通見解，完全上的廖平的大當，歧之又歧，迷途不返；較之長興講學精神，相隔更遠。

康氏又勸人讀陳壽祺注五經異義，讀四庫提要經部目錄，讀魏源詩古微，閻若璩古文尚書疏證，胡渭禹貢錐指、易圖明辨，惠棟易漢學，江永禮書綱目，秦蕙田五禮通考，及一切今學經說，大小戴禮，尚書大傳，韓詩外傳，乃至欽定御纂十經，十三經注疏，經學彙函，通志堂經解，皇清經解，續經解，皆涉獵擇讀之，而嘆曰：

此眞浩如煙海，若無本領，宜其窮老無所入也。

此外還須讀清代各家的說文，爾雅，以及廣韻，唐石經，七經緯書，玉函山房輯佚書之類。我想當梁啓超起初見康氏，自辰及戌，「取其所挾持之數百年無用舊學，更端駁詰，悉舉而摧陷廓清之」者，大概也就是這些吧。而梁啓超卻說：

後又講學於桂林，其宗旨方法，一如長興。

這句話，我實在不敢信。至少長興講學時，康氏還像一個有意提倡講學的思想家。而桂學答問，只是一個自矜博通的讀書人。換言之，也可說長興講學時的康氏，還像是有意提倡「士大夫之學」的；待到桂學答問時，他仍自陷入了「博士之學」的圈套中去了。這一種變化，好在兩書俱在，可留供我們細讀細研。而康氏在此前後四年間，所以有偌大一變遷者，我想他到底奈何不下他自己的那一部新學偽經考，那部書始終在他肚子裏作梗；這一層，至少是一個很大的原因。

桂學答問於經學外，照例還有史、子、集三部門的書目和讀法。然那樣分門別類，平鋪的羅列著，言其意趣之警策，已遠不如康氏自己的舊著長興學記。言其項目之詳備，則又遠不如張之洞的書目答問。所以康氏也說：

書目博深，莫如欽定四庫提要。精要且詳，莫如書目答問。可常置懷袖熟記，學問自進。

又說：

右所條目為學者之初桄，良以四庫提要及書目答問目錄浩繁，窮鄉僻遠，家無藏書，限於聞見，濡染無從。或稍有見聞，而門徑不得，望若雲煙，向若而嘆，從此卻步。故為導之先路。若大雅宏達，贍見洽聞，固無俟區區也。

長興學記有其弟子陳千秋跋，謂：

康先生思聖道之衰，憫王制之闕，慨然發憤，思易天下。既絀之於國，故講之於鄉。

不謂四年後的桂學答問，只自居於為張之洞的書目答問導先路，做一種教人讀書入門的入門書。在張氏的勸學篇以前，康氏先已代替他做了這一番工作。

「道假眾緣，復須時熟。」（高僧傳曇摩耶舍夢中語。）大概這一百年來，時代的力量始終凌壓在人物的上面。我們也可以說是緣不湊，時不熟；但到底還是那些人物，種因無力，不够條件。在康氏早年，粗聞其鄉前輩朱次琦之緒論，當時他對宋學本無深造，而志高趣博，對於考訂瑣瑣，又所不耐。但那時一般的風尚，還是重在博雅考訂，所以張之洞從書目答問轉變出勸學篇，而康氏則從長興學記轉變出桂學答問來。我們從這兩面各打一折扣，恰可把握到晚清之學術界。而傲然以聖人自命的康氏，又是汲汲皇皇，熱心政治，並不專精在講學上。

（六）

及戊戌政變，康氏奔亡海外，他的學術生命，遂與其政治生命相隨俱盡。然而退一步言之，戊戌政變，究不得不說是我們五十年來第一件大事。而且康氏論學，素重禮運，直到現在，禮運居然已譜成國歌，而「天下為公」的橫匾，則凡政府公署所在無不有。可見康氏那時長興講學的一段精神，究竟不能說他沒有收穫，所惜是僅僅止斯而已。

五　梁啟超

（一）

追隨康門，從事於新讀書運動的，最著者為梁啟超。梁氏生於清同治十二年癸酉，距今只六十多年；卒於民國十七年，距今還不到十年；他還是一個嶄新的現代人物。

康有為講學桂林，自著桂學答問外，又囑咐梁氏為讀書分月課程，時梁氏年二十二。分月課程，似乎有意無意地模倣著有名的程氏家塾讀書分年日程而來。程書可說代表大部分老派的宋學家的讀書精神，而梁氏的分月課程，則正為現代新讀書運動中一種有力的主張。我們不妨把來對比一看。

一個是專本朱子，一個是專本康先生，都是有宗主的在教人讀書，此是兩家之所同。然而一分年，一分月，只此意思緩急之間，便見兩種讀書精神之異點。前者意求玩索精熟，透徹融會，朱子所謂：「寬著期限，緊著課程，循序漸進，熟讀精思，緩視微吟，虛心涵泳。」「分年」是寬著期限，「日程」便是緊著課程，繙讀程書的自可得其意味。至於梁說則謂：

康先生剗除無用之學，獨標大義，故用日少而蓄德多。循其次第之序以治經，一月可通春秋，半載可通禮學。度天下便易之事，無有過於此者。學者亦何惜此一月半載之力而不從事？

所以程書自八歲入學，分年程限至二十二三歲或二十四五歲，失時失序的至三十歲前而辦，始終應有十四五年或十六七年的工夫。因此程氏亦說：「此法似乎迂闊。」而梁氏所謂讀書次第表，則前後只有六個月，故自謂「便易之事無過於此也。」

今將其讀書次第表中六月分配之大概介紹如次：

六月中讀書共分經學、史學、子學、理學、西學五項，內以經學為主。

一、經學，專舉春秋與禮學。其六月之分配，如次：

第一月，先讀公羊釋例（劉逢祿著）。擇其要者數篇先讀，一二日可卒。再讀其他諸篇，六七八日可卒。

次讀公羊傳注（何休注）。共為書三本，十日可卒。再讀春秋繁露，先擇其言春秋之義者，五日可卒。

第二月，可以半月之功，再溫公羊傳注、繁露二書。

次，並讀穀梁傳與王制。

第三月，讀新學僞經考（康著），左氏春秋考證（劉逢祿著），禮經通論（邵懿辰著），詩古微（魏源著）。

第四月，讀五經異義，白虎通。

第五月，讀禮記。

第六月，讀大戴禮記及春秋繁露中言陰陽天人者。

二、史學，六月中分讀史記，前、後漢書。

三、子學，六月中凡讀孟、荀、管、墨、老、莊、列、呂、淮南諸家。

四、理學，六月中凡讀宋、元、明三朝學案，及朱子語類。

五、西學，自第三月起，四個月中讀瀛寰志略，萬國史記，列國歲記，政要，談天，地學淺識諸書。

這樣的讀書，要在前後六月之間，古今中外無不知，微言大義無不曉，至少易犯著兩種流弊：一是意思迫促，不能有沉潛深細之樂，近於太要討便宜。二是自視過高，看外面事理太輕率，易於長成一種傲慢與輕率的態度，不肯虛心玩索。這並非說康、梁本身定是如此，只是康、梁之提倡，決然易走上如此的路向。現在固然沒有依照著梁氏六月課程來讀書的人，然而那種意思迫促以及自視過高的風氣，似乎已成了四十年來的時代病；而在康、梁指導人讀書的意見裏，恰恰把此種時代病，十分地透露了出來。

（二）

在康氏遊桂後三年，梁氏在湖南與譚嗣同諸人創南學會。其時宛平徐仁鑄為督學，梁氏主講時務學堂，徐氏有輶軒今語一書，據說出梁氏手。所謂輶軒今語者，針對張之洞輶軒語而名，謂此書無非欲多士急究當務，挽濟時艱。其書尚在張之洞勸學篇成書前一年。張之洞所以從書目答問轉到勸學篇，自然亦受此書影響。茲再摘要介紹如次：（下引據翼教叢編卷四）

一、經學

經學當求微言大義，勿為考據訓詁所困。（西漢主微言大義，東漢主名物訓詁。）

經學當口說、傳記二者並重。（經學本以通微言大義達於政事為主，不必沾沾於章句訓詁間，此西漢經術所以為美也。）

經學當以通今為主義。

經學當先通春秋公羊傳。

四書宜留心熟讀。（孔子外王之道在春秋，内聖之道在論語，朱子特尊四書，誠為卓識。）

爾雅衹須讀郝氏義疏一部，説文衹須讀段注一部。（古人以此等為小學，近儒窮畢生精力，白首而研之，甚乖於小學之義。）

二、史學

史學以通知歷朝掌故沿革得失為主，不可徒觀治亂興亡之迹。

史學以官制、學派二端為最要。（官制為一朝政治之所出，學派為一朝人才之所出，二者皆治亂興衰之大原也。）

史學以民間風俗為要義。

史記乃一家之言，不可徒作史讀。

史記、後漢書宜先讀。

史公以後，以鄭夾漈為史才之最。

九通當擇讀。

近儒史學考訂之書，悉宜屏絶。（梁玉繩、王鳴盛輩，雜引筆記，旁搜金石，訂年月，校人名，雕蟲小技，壯夫不為。）

三、諸子學

諸子之學，可與六經相輔而行。

漢以後無子書。（漢後號稱子書者，皆可不讀。）

四、宋學

宋學為立身根本，不可不講。（學者苟志趣不立，行誼不端，雖讀書萬卷，只益其為小人之具而已。）

宋學宜先讀學案。

朱子書宜讀語類。

諸儒文集宜擇讀。

此雖寥寥十數條，然經學主以微言大義通今致用，史學主通掌故沿革，以推籀政治人才興衰之大原，以諸子至六經相輔，以宋學為立身基本，皆不失為一種粗大而有氣力的見解。而當時遂立刻引起一輩守舊者之反對，謂其：

> 紕繆無根之語，不一而足。如以訓詁為無用，以考古為大謬，以諸子與六經並列，謂漢以後無子書。一時黌舍之子，相與撟舌屏息，不知其學之所由來。（語見翼教叢編卷四長興學記駁義敘）

即此可見當時一輩守舊學者之頑固與閉塞。即就彼輩舉斥各點，亦正見輶軒今語在當時，不失為一種糾挽時病，極清新開通之見解也。彼輩又謂：

襲謬沿訛，本原於康氏之長興學記。

此語卻甚是，輶軒今語大體固是長興學記之引伸也。

（三）

然而一年以後，即是戊戌政變，康、梁均出亡海外，他們所提倡的新讀書運動，從此絕響。平心而論，他們推孔子為教主，守公羊為教法，以新學僞經考、孔子改制考為以毒攻毒，推翻訓詁考據的話柄，此等處未免多有可議。然而他們以作新人才、改革政治為讀書治學的大目標，以經史為根柢，以時務為對象，就大體言，他們提倡的一套，實應與北宋、晚明無大懸殊。在中國學術史上，他們實應佔很高的地位。不過北宋比較經歷了一段安寧的過程，積了一百年三四代的醞釀，自胡瑗、范仲淹、歐陽修、王安石而迄張載、程顥、頤，遂得造成一種有力經久的學風。晚明則梨洲、亭林、船山諸老，其下半世皆在枯槁寂寞中打熬，以三四十年的掩抑深藏，造成他們精光不磨的成績。

今論康、梁，當其奔亡出國，康年只四十一，梁年只二十五，以與梨洲、亭林、船山相擬，尚還未到他們息志匿迹一意學問的年歲。而此後康氏在學術上即並無深造，他講學的聲光與從政的意氣同時暗澹了。所以康氏在學術史上，只有彗光一射，並沒有星月貞明。若就四十歲前的生命而論，梨洲、亭林、船山諸老，都沒有康氏般光耀；而五十以後的二三十年間，則康氏淵泉已竭，遠遜梨洲、亭林、船山諸老之生機蓬勃。康氏自身在學術修養上並沒有一種篤厚堅實的基礎，淵深卓絕的造詣，自然不能領導後起的人來走上一條遠到的路程。只是就他的彗光一閃而論，也就終不能不說是黑暗中的一線光鋩了。

而且康、梁當時所欲提倡的新學術，本以通經達務為職志。而論康、梁所遭的時代，則創古未經。其複雜艱難之情形，尤遠非北宋、晚明可比。康、梁在當時，對於中國舊有經史之學，本說不到有甚深之研討。一旦要援以致用，談何容易。康、梁以後，「通經達務」「學以致用」的觀念，一發不可制，而中國舊有種種經、史、諸子、理學，卻只見其與時代相扞格，急切挽不上一氣來。於是做學問的只有仍守乾、嘉相傳訓詁考據之舊轍，儘其與時代隔絕；而熱心時務的，卻不期然而然的叫出「把線裝書扔在毛廁裏」的無理呼聲來。在此時期中的梁啟超，正在努力於中國之「新民」的提倡，對其以前在廣州萬木草堂乃至湖南時務學堂所講論的一套中國經、史、諸子、理學等等，亦不得不逐漸疏遠。直到辛亥革命前後幾年，學校裏幾乎只有英文、算學和各種教科書，社會上幾乎只有政論、新聞以及幾種新小說，學術空氣稀淡到極點，所謂線裝書與毛廁，實在地位也頗已接近。回顧已往陳澧、曾國藩、張之洞、康有為諸人的言論，儼如隔世。

此下接著的是新文化運動，而以往一些舊書，纔又借著「科學方法整理國故」那一漂亮口號之掩護，而稍稍復活。因此，一方面，雖在高呼「打倒孔家店」，「打倒喫人的舊禮教」，而那批冷閣在毛廁邊緣的線裝書，連孔家店的一應舊禮教在內，卻逐步的得藉科學方法整理國故之美名，而重新受時代之盼睞。在那時的梁啟超，又復舊調重彈，而有國學入門書要目及其讀法之傳布。

（四）

國學入門書要目及其讀法，乃接著胡適的一個最低限度的國學書目而寫成，事在民國十二年四月，距今只有十二年，實在還是一宗嶄新的文件。那時梁氏年踰五十，亦可說比較是他晚年成熟的見解，較之他二十餘歲時所寫的分月課程等等，確有許多不同。而且我覺得，他這一個書目及讀法，較之百年來陳澧、曾國藩、張之洞、康有為諸人的意見，全要高明得多。在這十幾年來，亦還沒有比他更高明的指導讀書的新方案出現。我很願鄭重地介紹他這一舊公案於最近有意提倡讀書運動的人做參考。下面是一個約略的介紹。原件尚易得，願學者自尋閱之。

全目共有書一百六十餘種，分五類：

甲、修養、應用及思想史關係書類。

乙、政治史及其他文獻學書類。

丙、韵文書類。

丁、小學書及文法書類。

戊、隨時涉覽書類。

戊類，梁氏本不認眞。他說：「既謂之涉覽，自然無書不可涉，無書不可覽，本不能臚舉書目。」然若對甲乙兩類眞用功的，則第五類書全屬可讀，全有價值。丁類，似乎更非梁氏意趣所在，所以雖舉了幾部書，而說：「若非有志研究斯學者，並此諸書不讀，亦無妨耳。」則梁目用意所在，實重前三類。

我覺得他把修養、應用及思想史一類書放第一，而以政治史及其他文獻一類書放第二，實在還是以前萬木草堂、長興學舍舊規模。但他並不以孔子為教主，公羊春秋為教典。全部書目中，再沒有何休公羊傳注以及劉逢祿公羊釋例乃至穀梁傳、王制、五經異義、白虎通、左氏春秋考證、新學偽經考等等，今文學家張皇附會的書籍。當他二十二歲在桂林為康先生開分月課程時，這些書全是學者的最先必讀書，至此卻絕口不提。這是梁氏擺脫康氏束縛，自出手眼的一個絕大進步。

長興學記分學術為義理、經世、考據、詞章四種；梁目前三類相當於義理、經世、詞章，而偏偏缺去考據；這亦是梁氏見解卓絕處。因各項學問都該要有考據，而考據不應自成為一種學問。

在梁氏書目裏，又把書分著「精熟」「涉覽」兩類。他說：「一要心細，二要眼快。」這是陳氏、曾氏常說的話，陳氏說：「學者不肯從頭讀一部書，其病可以使天下亂。」曾氏則力主一書未完，不及他書。梁氏此目，已相當地採納了陳、曾兩家勸人精熟讀書的意見，沒有往時分月課程內一種意思迫促的毛病了。

陳氏勸人讀注疏，不脫經學家圈套。張氏勸學篇按著易、書、詩、春秋逐一的舉一部代表書，既不成經學，又不是儒學或宋學，更覺無聊。康氏以公羊今文學家的偏見教人讀書，尤為專輒褊狹。只有曾氏聖哲畫像記，範圍通廣，較有意思。今梁氏采及諸子、諸史，意境較曾氏又恢擴。曾氏著眼，似乎只重在為個人修養立一準繩；而梁氏則注意及於治學之大體，而於個人立身修養方面，又能處處顧到。其第三類韵文一目，勸人讀專集，為陶寫情趣之資，亦兼有曾氏長處，而並不像曾氏之刻意在做一文章家。

又梁目多舉後世校勘注釋精本，此亦兼有張氏書目答問之勝場。當知須先擇書，然後再講校注；若凡書只論精校精注，則只是目錄收藏家見識。

又梁目雖開列書籍一百六十餘種之多，較之書目答問已相差得够遠了。而梁氏在讀法上先後詳略，儘有伸縮，末後附上一個最低限度必讀書目，也正如曾氏家書、家訓般令人有約可守。

上舉諸條，可見梁氏書目實已掩有近百年來陳、曾、張、康諸家之長處而無其短疵。又梁氏書目中說：

我認定史部書為國學中最主要部分。

此亦以前諸家所不及。以前只知重經學、文學，到梁氏始轉移眼光看重到史學。他的𬨎軒今語，亦以論史學的幾條為最精采，史學本來是梁氏天姿所近的拿手學問。而梁目更重要的精神，則在脫去教人做一專家，不論是經學家（如陳、如康）、文學家（如曾）、收藏家或博雅的讀書人（如張），以及正統的理學家（如曾），梁氏都不在這些方面來指點人。梁氏只為一般中國人介紹一批標準的有意義有價值的中國書，使從此認識了解中國文化的大義和理想，而可能在目前中國的政治、社會各方面都有其效益與影響。這一點意義，因為時代較後數十年之故，而使梁氏書目，其用意及價值，遂遠超於陳、曾、張、康諸家之上。

（五）

但不幸這十幾年來，梁氏那一篇書目及其讀法，也並不為時人所注意。我們不妨將最近的讀書風氣和梁氏意見稍作比較：

第一，似乎近來的風氣，只注意在各自做各自的專門家，或教人去做專門家，而沒有注意到為一般人著想。如梁氏所謂「凡屬中國人都要讀的」這一層，有些人根本沒有想到，有些人則不認有此需要。鄙見則極同情於梁氏，認為一個專門學者，亦應該站在普通讀書人的基礎上，不要忘卻了幾許普通必讀的書，而逕自去做他專門的學問。因這樣的專門家，並不够理想，而且對其將來專門的造就，亦會有很多的妨礙。

第二，似乎近來的風氣，仍犯著陳澧所謂「不肯讀一部書，其禍足使天下亂」的舊毛病。這因沒有了「凡屬中國人都要讀的」這一個觀念，自然對於任何書本，皆不耐去做熟讀成誦的工夫。梁氏對此，有一番很懇切的話說：

> 我在前項書目表中，有好幾處寫「希望熟讀成誦」字樣。我想諸君或以為甚難，也許反對，説我頑舊。但我有我的意思。……我所希望熟讀成誦的有兩種類，一是最有價值的文學作品，一是有益身心的格言。好文學是涵養情趣的工具，做一個民族的分子，總得對於本民族的好文學十分領略，能熟讀成誦，纔是在我們的下意識裏頭得著根柢，不知不覺會發酵。有益身心的聖哲格言，一部分久已在我們全社會上形成共同意識，我既做這社會的分子，總要徹底了解他，纔不至和共同意識生隔閡。一方面，我們應事接物時候，常常仗他給我們的光明，要平日摩得熟，臨時纔得著用。我所以有些書希望熟讀成誦者在此。但亦不過一種格外希望而已，並不謂非如此不可。

可見在梁氏當時，讀書界已不耐有熟讀成誦的事了，故梁氏婉委其辭，既云「也許反對說我頑舊」，又說「不過一種格外希望，並不謂非如此不可」。然而梁氏的意見，實在有仔細咀嚼、誠懇接納的價值。

第三，似乎近來的風氣，全看自己的地位遠在前人之上，讀書只為是供給我著書的材料，著書便是我自己學問的表現。因此無論讀文學、讀哲學，其意亦只在供我之考訂批評。梁氏所謂：「涵養情趣，要在下意識裏得著根柢」，以及「徹底了解他，仗他常常給我們的光明」，這一些話，似乎近年來的讀書人全不肯認。所以治文學，則往往不肯熟讀細讀前人必讀的名集，而專意搜求人家讀不到的讀，僻書碎札，可為我作文學史的發見與創解。治哲學思想，則必如堂上人判堂下的曲直，高下在手，出入由心。以如此的風氣，來看梁氏書目，開首便是論語、孟子，要人熟讀成誦，摘記身心踐履之言以資修養，宜乎要笑絕冠纓，發生不出影響來。

依照上述風氣，讀書只會愈讀愈生僻，絕不會耐心去讀人人必讀之書。只會愈讀愈疏略，決不會讀到熟讀成誦。讀書的成績，只是一批批的論文和著作，專家和發現，卻不會從讀書中造成對政治、社會、民族、文化有力量有效益的學者。

梁氏書目中更有一點值得介紹的，則是他處處站在重視中國文化的立場而為中國讀書人說話。他說：

饒你學成一位天字第一號形神畢肖的美國學者，祇怕於中國文化沒有多少影響。若這樣便有影響，我們把美國藍眼睛的大博士招一百幾十位來便彀了，又何必諸君！

這一點，實在可說是梁氏書目中一條中心重要的骨幹。否則若中國文化根本要不得，則考訂批評以及種種科學方法的整理，豈不全屬多事，仍不如把線裝書扔毛厠裏之為直截乾脆。

（六）

梁氏書目比較在現在最發生影響的，要算他獎勵青年好著書的習慣那一層了。他在竭力勸人讀書時附帶做鈔錄或筆記的工夫之後，他說：

先輩每教人不可輕言著述，原是不錯。但青年學生，斐然有述作之譽，也是實際上鞭策學問的一種妙用。又譬如同是讀文獻通考的錢幣考，各史食貨志中錢幣項下各文，泛泛讀去，並無所得。若一面讀，一面便立意做一篇中國貨幣沿革考，做的好不好另一問題，你所讀自然加倍受用。譬如同讀一部荀子，某甲泛泛讀去，某乙一面讀一面立意做部荀子學案，讀過之後，兩人印象深淺自然不同。所以我很獎勵青年好著書的習慣，至於所著的書拿不拿給人看，什麼時候纔認成功，這還不是你的自由嗎？

梁氏此說，其獎掖青年接近學問的一番誠意，眞可謂無微不至。然而眞有志的青年們，對梁氏此語，亦應該好好謹愼地接受纔是。從來只有讀書通了纔去著述，並沒有為要著述纔來讀書的。若為著述而始讀書，那讀書所得的印象決不會很深，因為他早已心傲氣浮，他所讀的書籍，只當成他一己著述的材料看，決不肯虛心靜氣浸入書籍的淵深處。繼此而往，讀書工夫，便會漸漸地變成為翻書。

要讀梁氏書目的第一項「修養及思想」一類書，尤其萬不能先以著述一念橫梗胸中。若先立意要做一篇孔子學案而去讀論語，將斷不能體會到論語的妙處，更談不到修養及思想。那種為著述而讀書的習慣，只能領你走上無修養、無思想的路。

要讀梁氏書目的第二項「政治史及其他文獻學」的書，亦不能先以著述一念橫梗胸中。因為讀此一類書，須用大的眼光，活的精神，通觀大體。若入手便有意要著述，眼光自然會縮小，精神自然會枯死。我並不說讀書不應該隨手鈔摘考訂，然而那些鈔摘考訂，究與著述相去尚遠。梁氏所以說：「所著的書，拿不拿給人看，什麼時候纔認成功，這是你的自由。」可見梁氏的話，很明顯地也只是在獎勵人做劄記工夫。你立意讀一書，儘可以附帶做讀此書的劄記，卻千萬不要專為要著作一篇像樣而急待發表的論文而纔去翻書。這是絕不同的兩回事。聰明而有志的青年，自然不肯為要趕成幾篇不成熟的著作而犧牲了自己讀書時大的眼光與活的精神。

要讀梁氏書目第三項「韵文書類」，也不能先橫一個著述的念在胸中。因為梁氏開此一類書的用意，要資學者課餘諷誦，陶寫情趣。若先要著述，則情趣早已窒塞。你若先想寫一篇陶淵明的生活而去讀陶詩，那一定不是善讀陶詩的人，也決不會眞瞭解到陶淵明生活之深處。

要讀梁氏書目第四項「小學及文法書類」的，仍不能先橫一個著述之念於胸中。因為此一類書，均須先化相當的工夫始能入門，如何在未入門前已放手著述呢？

要讀梁氏第五類書「隨意涉覽」的，更不能先橫一著述之念。若先有一著述之念，便失卻隨意涉覽之趣。

總上所述，要讀梁氏五項書目，全不能先存一個著述之念在胸中。最好是為著自己的身心修養，及文學的欣賞，情趣之陶寫，以及留心政治、文獻、思想上諸要項而去讀書。即不然，在少年而斐然即有述作之思的人，亦應劃一部分時間與精神，超然在其著述之外，而潛心去讀與自己的著述絕然無關的書。如此纔能開拓心胸，增長智慧。若是為了著書而讀書，則仍不免為八十年前陳澧之所深斥，結果還是不肯從頭讀一部書，其禍只使天下亂。所以我勸現在的青年對梁氏書目中這一番話要好好地謹慎的接受。

除卻上述一個易有的誤會以外，我看梁氏書目及其讀法，還不失為指導現在青年的一個良好的方案。其間亦不免有小小可商處。如文學排去散文專集而專取韵文。（最低限度之必讀書目內却有。）唐宋韓、歐諸家，自有文學上絕大絕高之價值，縱不必勸人學古文，然學古文，至少亦自有陶寫情趣之用。論語勸人讀戴望注。戴注多牽强附會，此梁氏仍未脱以前公羊家觀點也。又如易經勸人讀焦氏三書。焦書雖屬一家之言，卻不必在此書目中勸人讀，此仍是未脱乾、嘉以來之門面語。如此之類，然不足爲此目錄之全體病。我們莫以爲十年前的東西早已過時了。我所以還願鄭重介紹梁氏此項書目及其讀法於現在有志提倡讀書運動的先生們及有志讀書的青年們之前。

我記「近百年來諸儒論讀書」大體將止於此。讀者當會其前後而觀之，庶可明本篇之作意。卻不當割裂分散，認爲本篇作者只是有意在提倡某家，排斥某家。

（民國二十四年十一月天津益世報讀書周刊。原題名近百年來之讀書運動。）

學術與心術

一

此數十年來，中國學術界，不斷有一爭議，若追溯淵源，亦可謂仍是漢、宋之爭之變相。一方面高抬考據，輕視義理。其最先口號，厥為「以科學方法整理國故」，繼之有窄而深的研究之提倡。此派重視專門，並主張為學術而學術。反之者，提倡通學，遂有「通才」與「專家」之爭。又主「明體達用」，謂學術將以濟世，因此菲薄考據，謂學術最高標幟，乃當屬於義理之探究。

此兩派，雖不見有堅明之壁壘與分野，而顯然有此爭議，則事實為不可掩。今試平心探究，考據之學，承襲清代經學遺架，誠為不可厚非。苟成學立說，而不重明據確證，終無以達於共是而不可破之境。空言義理，是非之爭，勢將轉為意見與意氣。當知意見不即是知識，意氣不足為權衡。惟考據乃證定知識之法門，為評判是非之準的。考據之學，又烏可得而菲薄之？

抑且學問廣博，如大海不見其涯涘。人之才性既殊，聰明有限，又兼年力短促，材料搜集，亦多限制。若求兼通博涉，此非盡人可期。學術分工，各務專門，其必趨於窄而深之一途，亦情勢所難免。

至於學術之於時務，其事可相通而不必盡相合。時事之變，瞬息異狀。即以此三四十年言，變化多端，幾難回想。若必以追隨時變為學的，曲學阿世譁眾取寵者勿論，而學術探究，必積年歲；時務需要，迫在當前；其事如夸父與日競走，心意淺露，程功急促，不僅害學術，亦將害時務。轉不如兩各分離，使潛心學術，一旦有所成就，轉可多方霑溉，宏濟時艱。則為學術而學術，其事又何可議？

然學術與時代脫節，事終不美。此數十年來，國內思想潮流乃及一切實務推進，其事乃操縱於報章與雜誌期刊少數編者之手。大學講堂以及研究院，作高深學術探討者，皆不能有領導思想之力量，並亦無此抱負；轉若隱退事外，騰身雲霧。一國之眾，羣在回惶迷惘中，驚擾震盪之際，而學術界游心膜外，不僅無所主張建白，抑若此等無足厝意。遂使學者如堅瓠之不可食。此豈社會之所望？

而且見樹不見林，競鑽牛角尖，能入而不能出。所謂窄而深之研究，既乏一種高瞻遠矚總攬並包之識度與氣魄，為之發蹤指示；其窄深所得，往往與世事渺不相關。即在承平之世，已難免玩物喪志之譏。何論時局艱危，思想徬徨無主，羣言龐雜，不見有所折衷，而學術界曾不能有所貢獻。所謂為學術而學術，以專家絶業自負，以窄而深之研究自期，以考據明確自詡，壁壘清嚴，門牆峻峭，自成風氣，若不食人間煙火。縱謂其心可安，而對世情之期望與責難，要亦無以自解。

考據之價值，亦當就其對象而判。清學初興，最先理論，則曰：「經學即理學。」又曰：「訓詁明而後義理明。」其所懸以為考據之對象者，仍在義理。厥後頹波日下，始散而為音韻訓詁，降而為校勘輯逸。餖飣瑣碎，煩稱博引，而昧失本原，忽忘大體；人人從事於造零件，作螺絲釘，整個機器，乃不知其構造裝置與運用。論其考據方法，或操而愈熟，運而益精。然究其所獲，則不得不謂愈後而價值愈低。此數十年來，所謂以科學方法整理國故，其最先旨義，亦將對中國已有傳統歷史文化，作徹底之解剖與檢查，以求重新估定一切價值。所懸對象，較之晚明、清初，若更博大高深。而惟學無本源，識不周至。盤根錯節，置而不問。宏綱巨目，棄而不顧。尋其枝葉，較其銖兩。至今不逮五十年，流弊所極，孰為關心學問之大體？孰為措意於民物之大倫？各據一隅，道術已裂。細碎相逐，乃至互不相通。僅曰：「上窮碧落下黃泉，動手動腳找材料。」其考據所得，縱謂盡科學方法之能事，縱謂達客觀精神之極詣，然無奈其內無邃深之旨義，外乏旁通之塗轍；則為考據而考據，其貌則是，其情已非，亦實有可資非難之疵病。

二

竊謂上述兩派之爭議，平心論之，亦是各有立場，各有見地。合則兩美，分則兩損。欲為中國此後學術開新風氣，闢新路嚮，必當兼綜上述兩趨勢，而會通博綜，以冶之於一鑪。而茲事體大，清儒自道、咸以下，如阮元、陳澧，早有此意，而終無大力負之以趨。因循迄今，時局日艱，而學術墮地且盡。今日而欲從事於此，較之道咸阮、陳之時，其艱鉅深微，又增萬倍。然而七年之病，求三年之艾，其道又捨此無從。

嘗試論之，必先有學問而後有知識，必先有知識而後有理論。學問如下種，理論猶之結實。不經學問而自謂有知識，其知識終不可靠。不先有知識，而自負有理論，其理論終不可恃。不先下種，遽求開花結果，世間寧有此事？此乃學術虛實之辨。而今日學術界大病，則正在於虛而不實。所以陷此大病，亦由時代需要，羣求有思想，有理論，俾一時得所領導而嚮往。思想無出路成為時代呼聲，而學術界無此大力，學術與時代脫節。於是一般新進，多鄙薄學問知識，而高談思想理論。不悟其思想理論之僅為一人一時之意見，乃不由博深之知識來。其所講知識，皆淺嘗速化，道聽塗說，左右采獲，不由誠篤之學問來。若眞求學問，則必遵軌道，重師法，求系統，務專門，而後始可謂之眞學問。有眞學問，始有眞知識。有眞知識，始得有眞思想與眞理論。而從事學問，必下眞工夫。沉潛之久，乃不期而上達於不自知。此不可刻日而求，躁心以赴。此一種學風之養成，在今日乃若非易事。

三

其次當知，考據僅為從事學問之一方法。學問已入門，遇有疑難，乃涉考據。此乃學問有得以後事，非始學入門事。學者自創新解，自標新得，必憑考據資人共信，考據誠所當重。然不當即以考據代學問。

晚近學術界，因尊考據，又盛唱懷疑論。古人亦言：「盡信書不如無書。」又曰：「學必會疑始有進。」然疑之所起，起於兩信而不能決。學者之始事，在信不在疑，所謂「篤信好學」是也。信者必具虛心，乃能虛己從人。如治一家思想，首當先虛己心，就其思想而為思想，由其門戶，沿其蹊徑，彼如何思入，如何轉出，我則一如其所由入而入，所由出而出。此一家思想之先後深淺，曲折層次，我必虛心，一如彼意而求。迨於表裏精粗無不通透，所謂心知其意，此始於信奉一家思想，姑懸為我學問之對象。我因學於彼而始得之己，遂知思想當如何運用。又對此一家思想之深細曲折處，皆有眞知灼見，此為我之由學問而所得之知識。然則即言學尚義理思想，豈不仍是實事求是，有考有據，為一種客觀之認識乎？

惟為學不當姝姝於一先生之言。彼一家之思想，我已研窮，又循次轉治別一家。我之研治別一家，其虛心亦如研治前一家。不以前一害後一，此之謂「博學好問」，此之謂「廣收並蓄」。而或兩家思想各不同，或相違背，然則誰是而誰非？我當誰從而誰違？於是於我心始有疑。故疑必先起於信，起於兩信而不能決。如此之疑，始謂之好學會疑。故即治思想，亦當知考據。我若篤信一家，述而不作，此亦一種考據。若兼采兩家，折衷異同，會而通之，此亦一種考據。凡此皆虛心實學之所得。

今言懷疑，先抱一不信心。其實對外不信，即是對己自信。故其讀書，如踞堂皇而判階下之囚，其心先不虛，先已高自位置，傲視一切，則如何肯耐心細心從事於學問？學問不深，如何有眞訓練，眞能力，眞知識？因此其運思構想，乃不肯承認向來自有成規。其本身思想，粗疏矛盾，乃不自曉。其批判各家，一憑己意，高下在心，而實非各家思想之眞實有如此。彼先未有廣博明白之知識，為其自己所持理論作後盾。彼之思想與理論，乃未經學問而即臻早熟。彼乃以自信代會疑，以批判代學問。彼以為思想與理論，可以如脱轡之馬，不復受駕馭控勒，而可以逞一己馳騁之自由。以如此之學風，則鄙斥考據，事無足怪。

然有此病之學者，乃曰：「我知實事求是，我知考據而已。」一若考據即盡學問之能事。凡遇運思持論，講求義理，皆目為空洞主觀，謂非學問中事。凡如此，則其先亦不能虛心學問。書籍只當是一堆材料，已不成爲一種學問之對象。一若手中把握有科學方法，即是無上工具。憑此工具，對付此一堆材料，即可成為我之專門絶業。遂一意於材料中找罅縫，尋破綻，覓間隙，一若凡書盡不足信，苟遇可信處，即是不值學問處，即是無可再下工夫處。故其工夫著意處，盡在找前人之罅縫與破綻與間隙。最好是書有不可信，否則覓人間未見書，此所謂未經發現之新材料。因謂必有新材料，始有新學問。此乃以考據代學問，以鑽隙覓間尋罅縫找漏洞代求知識。其所求爲自己之知識者，在求知別人之罅縫漏洞而止。然此決非由於虛心內不足，而始有意從事於學問之正軌。心術已非，而學術隨之。遂若一堆材料，一項方法，拈得一題目，證成一破綻，即是大發現、大學問。此其從事學問之本無甚深旨義，其所潛心考據之必無甚大關係，亦不問可知。是安得謂實事而求是？又安得謂客觀之精神？然則主張學問必重義理，必當通今達用，不當在故紙堆中專務考據，其所譏彈，又何可非？

四

故學問必先通曉前人之大體，必當知前人所已知，必先對此門類之知識有寬博成系統之認識，然後可以進而為窄而深之研討，可以繼續發現前人所未知。乃始有事於考據，乃始謂之為學術而學術。如是者，可以守先而待後，學術傳統可以不中絕，知識實得可以不失喪。此必先有下學工夫，必先對學問有一種更深更眞切之旨義，故能不厭虛心博涉。循而久之，其心中泛起有新問題，此始為值得考據之眞問題。而此項問題與考據，並未存心必求其為窄而深，而自見其為窄而深。初未自負於成專家，而終不免其成為一專家。此乃由下學而上達。上達不可期必，我之實下工夫處在學問，我之確有瞭解處是知識。我之在學問與知識之不斷進程中而遇有疑難，於是不得不運用我解決此項疑難之考據與思想。其由考據與思想之所得，則成為一種理論，此種理論，則可以前無古人。然此乃上達中事，必以待之一時傑出之能者。苟能眞從事於下學，又焉知我之必不為一傑出之能者？人一能之，己十之。人百能之，己千之。博學之，審問之，愼思之，明辨之，而後篤行之。專就學術言，學者著書立說，不問其為思想家，或為考據家，凡其確有創見新得，而發乎其所不得不發，言乎其所不得不言，是亦篤行之事也。

凡人用心，必有所從入。學問非以爭奇而炫博，非以鬬勝而沽名。求以明道，求以濟世，博古通今，明體達用，此眞學問從入之大道。然循此而入，可以引而愈遠，窮而益深，乃不見其涯涘之所止。乃貴於自就才性，自限專業。此豈初學存心，即當懸此標的，深閉固拒，而謂莫與易乎？通學在前，專精在後。先其大體，緩其小節。任何一門學問，莫不皆然。此乃學問之常軌正道。孰先傳焉，孰後倦焉，有始有卒者，其惟聖人乎！學問有始條理，有終條理，必金聲而玉振之。中人以上，可以語上；中人以下，不可以語上。今之學者，不論主義理思想，或主考據，莫不詔初學以中人之上，莫不從事於終條理。因此有義理，有考據，而其實則無學問，無知識。築其不廣，單線直上，即其不廣之基，初未堅築，傾陷倒塌，可立而待。苟風氣變而學術正，則此兩途，本可合轍，其事若難而並不難。最先當於心術入微處，端其趨嚮。迨其進入學問，則塗轍不可不正。古今中外，學業成就，與夫成就之大小，胥不由此而判。故最先必誘導學者以虛心眞切從事於學問，必督責學者以大體必備之知識。其次始能自運思想，自尋考據，孜孜於為學術而學術，以趨嚮於專門成業之一境。其最後造詣，乃有博大深通，登高四顧，豁然開朗，於專門中發揮出絕大義理，羅列出絕大考據。其所得將不限於其所專業。如是之學，乃始為天壤間所不可少。其為為學術而學術乎？其為以學術濟時艱乎？到此皆可不論。而此固非初學之所驟企。則曷不為循循善誘，而必先懸舉此至高之標的，使人高心空腹，游談無根，為無本無源之誇大乎？

五

故論學術，必先及於心術與風氣，即此便具絕大義理，經得起從來學術史上之絕大考據。學問本自會通，何必自築垣牆，各相分隔。

抑且更有進者，此數十年來，國內學風，崇拜西方之心理，激漲靡已，循至凡屬義理，必奉西方為準則。一若中西學術，分疆割席，儼如涇、渭之清濁相異，又若薰蕕之不同器。治中學者，謹愿自守，若謂中國學術，已無義理可談，惟堪作考據之資料。其悍而肆者，則恣情謾罵，若謂中學不絕，則西學不流。西學不流，則中國之在天壤間，將絕不可再立足。彼不悟西學言義理，亦復多歧。有古今之別，有國族之別，有宗派門類之別。治西學者，亦當循考據途徑。當知一學說，一義理，其興起而臻於成立，各有傳統，各有背景，各有據點，各有立場。復有立說者之個性相異，時代不同。若果細心考據，便知西方言義理，固非可建諸天地而不悖，推之四海而皆準。何得孤引片言隻辭，遽尊為金科玉律？而中國舊有義理，寧無與西方有可以相通處？寧無對本國國情民俗，有其獨特妥當融洽處？寧無可以推陳出新，依然當保存而光大處？而治中學者，相戒不敢顧及於此，一意以一堆材料、一項考據為滿足。故鄙言義理者，其實則尊奉西方人義理為莫可違異。盛言考據者，其實則蔑視本國傳統，僅謂是一堆材料，僅堪尋隙蹈瑕，作為其所謂科學方法者之一種試驗與練習。此種風氣，言之尤堪痛心。

今欲矯其偏蔽，則仍當以考據、義理並重，中學、西學以平等法融之一鑪。當知言西方義理之說者，亦當守考據家法，才知其所尊某項義理之真邊際，真性質。言中學以考據為能事者，亦當先擴大心胸，必知考據之終極，仍當以義理為歸宿，始知其所當考據之真意義與真價值。如此則義理、考據，固可相濟，而中學、西學，亦可相通。又何事乎出主入奴，軒此輊彼，必先立一牢不可破之壁障以自限？

本所同人，學問無可自恃，知識無可自信，自創設新亞研究所，每為此事，時相研討。上之所述，將勉奉以為詔示求學者之方嚮與準繩。自謂差免門戶之見，或有塗轍可遵。至於自所窺尋建白，偶有述作，固未敢謂能符其所欲赴。惟心嚮往之，雖不能至，亦曰有意乎此焉云爾。茲值學報創始，姑述其所平素討論者，以求並世通人之教益。

（一九五五年八月一日新亞學報一卷一期創刊辭）

學問之入與出

一

我從去年起，屢次演講，所講皆是有關做學問的方法。同時亦曾涉及學術史方面，因其仍與做學問的方法有關。但諸位若懂得，即聽一講也夠。若不懂得，儘多講也無益。此次講題，仍屬方法方面。

今天講題是：「學問之入與出」。這是講做學問，如何跑進去，與如何走出來，亦即講學問之內外。程明道有云：

王介甫學問，猶如對塔說相輪。我則直入塔中，距相輪已近。

此番話指出王介甫乃在學問之外面講學問，而未能跑入內裏去。明道之意，自然做學問該能跑進內裏纔是。但蘇東坡詩有云：

不識廬山眞面目，只緣身在此山中。

此語好像要人能跑出學問外面來。論語子貢說：

夫子之牆數仞，不得其門而入。

此指學問之入而言。孟子云：

登東山而小魯，登泰山而小天下。

此指學問之出而言。又公孫丑問曰：

夫子當路於齊，管仲、晏子之功，可復許乎？孟子曰：「子誠齊人也，知管仲、晏子而已矣。」

可見知人論學，皆須能超越在外。莊子秋水篇：

井蛙不可以語於海者，拘於虛也。夏蟲不可以語於冰者，篤於時也。曲士不可以語於道者，束於教也。今爾出於涯涘，觀於大海，乃知爾醜。爾將可與語大理矣。

此亦要我們跑出外面來。以上隨意舉出春秋、戰國與宋人語，來作我今日所要講的學問之入與出的引子。

做學問自然首先要能「入」，可是到最後，卻不一定要能「出」。論語中孔子似未嘗教我們要跑出學問之外來，他說：

下學而上達。

「下學」是走入，一路向上，卻並未教人入了又要出。又說：

吾道一以貫之。

博學於文，約之以禮。

這些話，都未教我們跑進去了，要再跑出來。孔子之最偉大處便在此。至於道家即不然，莊老講「道」、講「天」，即是教我們要能超、能出。佛家亦教人要能出。禪宗更是「呵佛罵祖」，惟求能出，始算是到家。可見在此方面做學問的精神，便有大不同。道家、佛家都教人要能「超」，要能「出」。但如孔子之道之大且高，卻並未要人跑進了再跑出。關於這一層，研究儒家者不可不知。我想在此方面俟有機會，更作一番較深的闡發。

二

現在先講學問如何入？入有深淺。有深入，亦有淺入。如孔子曰：

由也升堂矣，未入於室也。

得其門而入是第一步，升堂則入較深。但升堂後，還要能入室，此則更深入了。孔子又說：

知之者不如好之者，好之者不如樂之者。

知之是入門第一步，再入始能好之，心悅誠服而喜不自禁也。更深入，則為樂之，至是則學問乃與自己生活打成一片了。眞正的跑進內裏，居之而安，為樂無窮。但決不能無知而好，也不能不好而樂。此中自有層次，不能任意躐等。

學問之入，復有「大」「小」「偏」「全」之分。孔子門下有德行、言語、政事、文學四科，其弟子只是各得其一方面。可謂得其偏未得其全，見其小未見其大。人說孔子博學，而孔子自云則曰：「吾道一以貫之。」游、夏在孔門四科中屬文學，文學似近博學而有別。故孟子云：

子夏、子游、子張，皆有聖人之一體。冉牛、閔子、顏淵，則具體而微。

「具體」謂其具有孔子學問之全體，惟規模微嫌小了一些，未能如孔子之廣大。此等批評，非親歷學問甘苦者不知。諸位且當從字面上知有此分別，久後方能逐漸體會，此刻且莫作空推測。即如「具體而微」四字，此非從文字訓詁上所能眞實明瞭其涵義。欲眞實明白得此語，則先須求入門。如顏淵、子貢二人之間，其學問有何不同？顏淵與孔子，又有何不同？此須深入，然後有眞知，然後能活現。

此中有大有小，有偏有全，亦復有厚有薄，有強有弱，種種差別。入之愈深，然後能辨之益精。若在門外強說門內之種種，總是費話，不能認眞。

學問之入門，就儒家傳統言，可分為兩方面。一方面是從行為、人生之眞修實踐入，一方面則自講究學問道理入。此兩方面實亦不可分，應如人之行路，左右足更迭交替而前。但第一足先起，應是人生行為方面。從人生行為方面入者，古人謂之「小學」。如先則從事灑掃、應對，進而講究孝、悌、忠、信，此乃儒學入門。倘不自此處入，則如何講得孔子思想與中國文化？當知孔子教人，即從此處誘入，此是為學之最先起步處，亦是為學之最後歇腳處。離開眞實人生來講儒學，只是自欺欺人。然若謂能灑掃、應對即便是孔子，此話確是有病。如宋儒陸象山有云：

我不識一字，亦可堂堂地做一個人。

但此總只是下學方面多，又總不免是為學之一偏。講做學問，大體說來總得要識字。若走第二條路，從讀書入門，更試問如何能不識字？故識字工夫，清人亦謂之是「小學」。要做學問，第一須是識字，第二方是讀書。不識字又如何能讀書？論語載子路說：

何必讀書，然後為學？

孔子對此，並未加以許可。近儒章太炎謂陸王之學近似子路，亦是從此方面著眼而說的。

三

今再論讀書方法，或說是為學「入門」之學。我請諸位注意一讀我所著朱子讀書法一篇。因朱子教人讀書方法，是最可取法的。其所論，可謂淺而深，既落實、又超越。昔人嘗問蘇東坡，讀漢書苦難記憶，東坡告以應「分類以求」。此如現代人讀書，寫卡片，把來分類。但前人讀書，主要不在寫卡片。應先在讀第一遍時，注意某一問題。待讀第二遍時，再注意另一問題。蘇東坡所謂「分類以求」，須如此般去求。今人卻只知一意寫卡片，寫了卡片，轉而讀卡片，再不讀原書了。今人為學只是欲速求省力，以為有方法，卻遠不能如古人之深細而周到。蘇東坡雖曾如此讀漢書，但蘇氏集中，很少講及漢代之各方面。可知東坡讀書，既能入，又能出。我們好像不見他對漢書曾下過幾許工夫般，此正是他入而能出之證。韓昌黎答李翊書有云：

非三代兩漢之書不敢觀。

此是韓氏為學之入門。柳宗元教人學文章，如「讀史記而參其潔」之類。所謂「參其潔」，每讀一家、一部書，必應擷取其精華所在而師法之，此即其能入。如此參合，始可走出，遂自成為柳氏一家一體之文。杜工部作詩自稱：

> 轉益多師是我師。

又云：

> 清新庾開府，駿逸鮑參軍。

此所謂「清新」、「駿逸」，即如柳子厚「讀史記以參其潔」之類。專讀一家，自有所得。再讀別家，又再有得。其最後則：

> 讀書破萬卷，下筆如有神。

破萬卷書後之所達，方為杜氏自己之詩。其下筆自有神者，是即杜氏神來之筆。由此可知，學問之入，非只一門。上述韓、柳為文，工部為詩，皆如此。

蘇東坡讀漢書，斷非讀了一遍即算，乃是分別注意，從各門而入。故知學問入門，決非只有一門。可自此門入，而亦可自另一門入，但同時不能兩門同入。方其進入一門之時，此一門即是彼當時之專門之學。要入一門，即專讀一本書亦可。此如朱子所云：

讀論語時，不知有孟子。

甚至讀論語前一章時，要不知有下一章，此是求學問入門最當養成之心習。讀一部書，可轉為讀一個人。如讀論語後，可再讀春秋，此時即是由「專門」演成為「通學」了。因論語、春秋皆出孔子，既皆是孔子之學，兼讀自應會通。後來大學者，每人必有多部著作，讀此一人，便須在此多部著作中求會通。讀一人又可轉而讀一家一派，如讀孔子後，又兼及孔子之弟子，以至如孟子、荀子，又下為董仲舒、王通，再下為宋儒。此等皆是儒家言，應求會通。此外復有如道家及佛學等。

其實學問範圍亦不限於一家或一派，如讀韓昌黎文集，可知昌黎之學決非限於詩文而已。即其論詩文，如云：

國朝盛文章，子昂始高蹈。

當知此十字所包之範圍，及其所佔之境界，實決非專學某一家、某一派詩文者所能道。又如其云：

孟氏醇乎醇者也，荀與揚大醇而小疵。

他也只用十個字來批評孟、荀、揚三人。此非先比讀此三家，又必在此三家外更有甚深甚廣之瞭悟，纔能下得此十字評語。又如彼云：

吾嘗以為孔子之道大而能博，門弟子學焉而皆得其性之所近。

此非讀通一部論語後，不能有此語。又如其與孟尚書書批評漢儒經學，雖只寥寥數語，著墨不多，但見其對漢儒經學瞭解之深透。可見昌黎「文起八代之衰」，實非僅是一文人。杜工部為有唐一代之詩聖，其能事亦決非專從學詩來。

四

總上所述，進入學問步驟有四：

第一步應是專門之學。專讀一書，專治一人、一家、一派，此均可謂之是專門之學。如讀完一部皇清經解之後，方懂得清代考據之學，此亦是一專門。由此進而上通宋學，在其治宋學時，則仍是一專門。

第二步是博通。從此專門入，又轉入別一專門，只此便是博通。如專治了杜，再轉治李；專治了韓，再轉治柳；亦即是博通。更進而專治了詩文，又轉治經或史，又兼治諸子，亦即是博通。可見博通仍自專門之學來，並非離開了專門，別有所謂博通。

第三步則仍為專門。如昌黎專讀三代、兩漢，是必經、史、子皆讀了。進到此一階段時，他卻專做文章，此乃其專門之學。又如孔門四科，各有專長。到此學已成「體」，但其境界則仍未能「化」。

第四步始是成家而化。既專門，又博通。循此漸進，可入化境，將其所學皆在他一家中化了。司馬遷嘗師事於董仲舒，仲舒乃一經學家。仲舒博通五經，而專長在春秋。史遷上紹春秋而作史記，但史記範圍卻極廣博。既不限如春秋，亦不限如五經。司馬遷一家之學，可謂是成家而化了。在史遷以前，只說儒分為八，史遷卻在八儒中特意提出孟子、荀卿。當時人極重視鄒衍，但史遷卻謂鄒衍不得與孟子相比。當知此下人講儒家，其實是全依了史遷觀點，逃不出史遷所指示。史遷又將老、莊、申、韓合為一傳，但史遷所欣賞者乃在老子。此下人講道家，亦不能跳出史遷觀點。一部中國思想史，其中重要觀點，可謂在史遷時早已擺定。此見司馬遷之偉大處。司馬遷雖見稱是一史學專家，但不能不說司馬遷之史學則已達化境。又如他為項羽作本紀，七十列傳以伯夷居首，此等處在遷均有極深寓義，至今尚待有人為之闡發。可見史學非僅是求知事實，應有更高境界，在事實之外者。若令諸位各試撰「五十年來之學術界」一篇，則勢必所寫各異。五十年來之學術界是現代眼前事，但各人所寫各不同，便見各人學問之高下。

上面講學問入門，須「由專而博」。開始專讀一書、一人、一家、一派，只求從一門入去求了解；漸漸推擴至別一書、別一人、別一家派，亦如此專門下工夫。卻不可道聽塗說，自欺欺人，對某一門學問並未入門，強把別人話來改頭換面隨意立說；亦不當在自己未入門的學問中妄下批評，或妄出意見。既能博了，又須進一步「由博返約」。此所謂「約」，乃指其歸屬於他自己的，亦如中庸之所謂「致曲」。當知一個大學者廣通博達，到頭所成則只是一「曲」而已。惟致曲之後，則又須「能化」。如治經學，先通詩，再通書，再及易、春秋，由一經入門，而徧治羣經。待其既徧治羣經了，然後再返專一經，或詩、或易。但彼之於此一經，實自博通羣經而入，又自博通羣籍而入。彼之詩學，乃是積經學與經學外之各種學問之大體，而纔能自成其為一家之言。所言雖為詩學，而不盡為詩學。彼之一家之言，實已非經、非史、非集，如此始能算得是成家而化。

五

現代學術界最不好的風氣，乃是先將學問分成類，再把自己限在某一類中。只知專門，不求通學。因此今日之專門家，反而不能成一家言。當知自古迄今，學問能成一家言者並不多。其所以能成一家言者，主要在其學問之廣博互通處。不僅如上所云，自經通史，自史通文，如是而已。凡做學問，則必然當能通到身世，尤貴能再從身世又通到學問。古人謂之「身世」，今人謂之「時代」。凡成一家言者，其學問無不備具時代性，無不能將其身世融入學問中。姑舉中國學術史為例，暫自宋代之經學講起。

程伊川行狀稱：

> 明道十五、六歲時，謁周茂叔論學，即厭科舉之習，慨然有求道之志。

此數語，即是明道為學之從入處。科舉乃是當時之俗學，俗學固是一時代人之所共學，但與我上述通於時代之學有不同。俗學若切於身世之用。但眞求有用於身世，則其學必然會超越於俗學之外與上。此種通於時代而有切於身世之用者，中國傳統謂之「道」。在程子當時，釋氏之學乃被共認為最高之道之所在。程子自言：

泛濫於諸家，出入於老釋者幾十年。返求諸六經，而後得之。

此數語，又見明道為學之從入處。至此可謂其學已成。後世稱二程、張橫渠、朱子，為宋理學四大家。其實此四人，皆通六經，皆從六經入。至陸象山，乃謂：

六經皆我注腳。

又說：

我不識一字，也將堂堂地做一人。

象山之意，偏乎從人生行為入，而看輕了從識字讀書入之一路。縱說是「此心同，此理同」，但若不識得聖人之心與理，專從我自己心上求，怕終求不出其同處來。又如象山若不讀孟子，怕也說不出「不識一字亦要堂堂地做個人」的那句話來呀！因此迨於末流，乃生後人所謂「高心空腹」之弊。灑掃、應對、進退人生實踐固是學，固當講求；但若僅做一鄉曲自好之士，則不妨說即此已是；若眞欲做一學者，求對身世有用，象山此語終是有病。

於是再下遂有顧亭林提出「經學即理學」之說，及黃梨洲又提出「經史實學」與「講堂錮習」之分別。經史實學，亦即教人識字讀書，指示人一條如何進入學問之路。但由此一轉，此下清儒乃有「訓詁明而後義理明」之說。於是訓詁、名物、考據那一條路，至乾、嘉時，臻於極盛，入而不能出。

又有章實齋提出「六經皆史」，再主張學問當通時代，切身世。章實齋評當時人為學，如蠶喫桑葉，卻不吐絲，即是此意。其實當時考據大師戴東原亦有此意，彼云：「做學問有擡轎人與坐轎人之分。」在東原之意，當時僅從事於訓詁、名物、考據之學者，不免多是擡轎人。東原自負，像他自己乃始是坐轎人。彼寫了孟子字義疏證一書，其學術境界，確是高出儕輩。其高第弟子阮元為論語論仁篇、孟子論仁篇，亦即在字義疏證上用力。就清儒立場言，阮元可說是入門了，戴氏則已升堂，但仍未入室。只因乾、嘉之學，皆能入而不能出。戴東原固亦自經學入，但宋儒經學濂、洛、關、閩四派，為戴氏所不取。戴學始終是偏在識字讀書，而不通時代，不切身世。其孟子字義疏證，乃有意要通時代、切身世，故能高出儕輩。章實齋始自經學中跳出，提倡史學，自開一門徑。此後龔定菴、魏默深出，專治今文學，外面看仍是經學傳統，實已轉入了史學路線。

至康有為則並不通經學考據，就乾、嘉傳統言，彼乃始終徘徊於門牆之外，未嘗入門。而康氏亦主張用經學來通時代，切身世。其實彼之為學，非漢非宋，而於象山、陽明「篤實為人」一路，去之亦遠。則可謂兩面未入門。無怪其學問與時無補，轉抑害之。

六

清學有三變：清初顧亭林、黃梨洲、王船山三家，其學皆「大而能化」，一讀三家著作即知。此後遂轉入經學專門的路上去。但如顧棟高春秋大事表，驟看只是講春秋，其實彼之學問決不專在春秋。此乃讀遍二十四史，博通史地典章制度，而後得成其學者。又如胡渭之禹貢錐指，驟看亦如只講禹貢，其實亦為廣讀全部中國史及中國地理之後，而用其所學來講此一篇文章。我們讀書，首應觀其如何將彼之全部學問納入其文章中，且須透視其文章之背後，來瞭解其學問從入之路。若我們不讀春秋大事表與禹貢錐指，即不知當時人如何做學問。其實當時學問，仍是一種通學。待到乾、嘉之後，始轉入為專家之學。即如讀段玉裁注說文解字，豈不儼然是一種專家之學。但若讀其文集，可知其學亦不限於說文。彼在學問上拿出來的是說文，但其學問之所由進入之處，則決不限於說文。

某年我遊濟南，在一書肆中，偶見王筠所著儀禮注原稿，硃筆工楷，加注在張稷若本儀禮之上，細如蠅足，密如蠶子，行間眉端，處處皆滿，深歎王氏治儀禮工夫之精到。但王氏之學，亦僅以說文名。可知古人云：「流落人間者，泰山一毫芒。」眞是不錯。凡做學問，必有其融會貫通處，但到他拿出來時，則僅是他一家之拿手擅場處而已。

又如高郵王氏經傳釋詞一書，彼乃於博通羣書之後，僅取經傳中「虛字」一項來講，此可謂專門之尤專門者。然即此可見其學問之博通處，實足令人欽佩。但乾、嘉學者工力雖深，苟放在整個學術史上論，其學終是能入而不能出，成家而不能化。

晚清以下，新學萌茁。如梁任公曾取西方經濟學、貨幣學、社會學種種新知識來講說文，兩面拼攏，也能開創一新面目。但恨其粗略不能精。王靜安居留日本時，治甲骨文，但彼熟讀十三經注疏，來講殷周制度。又根據楚辭、山海經等書，來考史記殷本紀。彼之甲骨文學，可謂既通且精，較之任公遠勝矣。其實都只是當時一新風氣，自此一學問通至另一學問，而開出新境界。至如康有為新學偽經考，從史學來講經學，與王氏、梁氏同是一條路。但不僅粗疏，而且荒謬了。學問必能入而後能出。康之經學並未有所入，急要有所出，自是要不得。

七

凡做學問，能把兩條學問路徑會通起來的，必然有好表現。至於千門萬戶的大結構，不必說了。即如文章與史學會通，而有清代學者的「新碑傳」。此一體我向所欣賞，細考乃知實自元、明以來已有之。在錢牧齋集中，即有許多像清人之碑傳新體，惜乎此體乃不為桐城派姚惜抱等所領略。桐城派唱為古文，自謂導源於歸有光。其前，前後七子，提倡「文必秦、漢，詩必盛唐」。但王世貞等，實在是文學中之門外漢，並未能眞進入秦、漢之門。歸有光用力史記，可謂眞進入。且彼又通經學、子學、佛學，雖表現僅在文章，而所通實甚博大。其後首先推尊歸有光者，乃為錢牧齋。錢氏自史學進入文學，其學問門路亦甚廣。厥後自黃梨洲至全謝山，皆沿襲錢氏為文。如黃氏之明儒學案，全氏之鮚埼亭集，皆由文學、史學兩門合攏而成。再下乃衍變出清代之「新碑傳」。此一體有關學術者甚大，惜乎桐城派諸人未能注意及此，到現代則此學已絕。如章太炎及門弟子甚多，彼逝世後，彼之一生學問，應有一人能為彼寫一碑傳，綜括敍述；但惜乎是沒有了。

不能會通，也該專精。梁任公嘗云：「初學勤發表，可助讀書。」今人都信此說，乃競務於找題目，以為有了題目即可寫文章。實則在讀書方面的工夫是荒了。因此在學問上沒有入門，而遽求發表，而且多多益善。直到今天，能發表文章的是不少了，但是眞能傳授後進的則實在太少了。人人無實學可授，如此下演，支離破碎，競創新見，而並無眞學問可見。因此人人都愛講新思想。但思想也應有一傳統，應須於從前舊思想中有入路，始於其所要創闢之新思想有出路。即在思想家，亦豈能只出不入。今天大家都不求入門，儘在門外大踏步亂跑，窮氣竭力，也沒有一歸宿處，此病實不小。

因此，經學、史學、文學，今人都不講求，卻高談中國文化。這樣則縱有高論，也難有篤論。縱有創見，也難有眞見。論及中國古代文化中之經濟背景時，首想探求古代之農業情況。我曾細讀過程瑤田之九穀考，纔使我有路寫出中國古代北方農作物考一文。再由中國古代北方之高地作物，而講到中國古代之穴居情形。要考古代之穴居，翻讀說文，亦自謂有甚多發現，為清儒所未及。我此刻自己認為已稍稍懂得說文一書之病在何處，清儒研究說文之病又在何處，說文與爾雅之不同又在何處。至此我更見得清人學問能入不能出之病。

簡言之：清儒之病，主要在太專門，不能由此門通到那門去。而今天我們的問題，與清代人當時又大不同。我們有我們之時代，與我們之身世。同時西方人各方面知識傳入，又為清代人所不知。我們今日當身面臨之問題，更為古所未遇。照理我們應該能創出一套新學問來。今天我們所缺只在學問先未入門。未曾入，急求出，此是當前大病。若我們要知道或接受西方知識，此尚不難。所難者，乃在我們今日所遇到的時代問題。在乾、嘉時代，大師俱在，又是社會安定，並無許多大問題急待解決。故當時人做學問，病在能入不能出。今天情況既與清代乾、嘉時大不同，新的時代在急切要求我們，新的知識在不斷刺激我們。而向前學術源流，一應古籍，多經清人整理，實亦易於探求。但自民國以來，苦無眞學問眞能應時代之需、身世之用者。千言萬語，只是一病，其病即在只求表現，不肯先認眞進入學問之門。從前清人讀書，至少是知道謹愼小心，樸實不虛偽。而此種精神，又最為今日所缺。

今天我們做學問，應懂得從多門入。入了一門，又再出來，改入另一門。經、史、子、集，皆應涉獵。古今中外，皆應探求。待其積久有大學問之後，然後再找小題目，作專家式的發揮。此乃為學問上一條必成之途。此事從古皆然，並無違此而可以成學問之別出捷徑者。從來大學問家，莫不遍歷千門萬戶，各處求入，纔能會通大體，至是自己乃能有新表現。即如古人文集，好像最空虛，其實包括經、史、子、集各方面學問，而融化了始能成一大家集。故讀大家文集，實應為學問求入門一省力之方法。

八

總而言之，要求學問入門，必先懂得讀書。讀了此書，再讀他書，相雜交錯，頭頭是道，而後可以有所入、有所得，而後可以有所化、有所出。

實則此事也並不難，因時代愈久，則應讀之第一流書轉變得愈少。因其經時代之淘汰，從前認為必讀的，現在卻可不理會。但總有剩下的那些必讀書，所謂「不廢江河萬古流」者，則仍然必讀。即如前清末年，一輩學者，尚多翻閱兩經解，始得成為一入流學者。在今日則不必然，那裏還要人翻閱兩經解。但兩經解中，仍還有幾部是應該一讀的。每一時代，每一部門，總有幾部要我們一讀的書。今天我們一切擱置不理，但卻又不是像陸象山所說：「雖不識一字，也要堂堂地做一人。」今天的學者，似乎是在說：「我雖不讀書，也可堂堂地做一學者。而且是一前無古人、後無來者之大學者。」那就無可救藥了。

我今天所講，只是要諸位在學問上能有入。至於做人一方面之入，我此講暫為忽過不多及。只有關讀書一方面之入，是我此講所注意。我只希諸位能先多注意讀書，且慢注意發表。能先注意求入，且慢注意能出。此是我此講之主旨。至於最先所說，讀論語，見得孔子學問只講入，不講出。那更有甚深義理，恕我不能在此講出更深入一層之發揮。諸位只知有此一面，也就好了。待我有機會我將在此方面再有講述。

（一九六三年三月八日新亞研究所第三十七次學術演講討論會講。刊載於一九六四年六月五日新亞生活雙周刊七卷三期。）

推尋與會通

一

我自去年起，所講都是有關做學問之方法，今天仍講的是方法問題。本題原用「推想」二字，今改為「推尋」。推想與推尋，大有不同，諸位聽下自知。

學問所重在求知識，論語：

回也，聞一以知十。賜也，聞一以知二。

若使聽人講一句能懂得十句，或能懂得兩句，此只是多少的問題。聽人講說，可自旁面、反面推想。如聽人說此是甲，即知其非乙、非丙。如此推之，卻變成聞一知百、知千、知萬，實則並未有眞知實得，超所聽聞之外者。如知此物是甲，此屬真知。若推知其非乙、非丙，實則非屬真知，亦可説乃是一種強不知以為知，徒自欺騙，殊不足貴。諸位從事學問，首先不當看不起知識。但如何是聞一知二，或聞一知十？又如何能聞一知二、聞一知十？此層卻值推究。論語孔子讚顏淵有曰：

吾與回言終日，不違，如愚。退而省其私，亦足以發。回也不愚。

「發」者，啟發義。顏淵聞孔子語，能另開一路，或另闢一方面説之，此即有所發明。可見所謂聞一知二、聞一知十，並非聽人家講一句，懂得了兩句或十句。從事學問，則斷無此速悟之理。此待聞後退下細細推尋，或從反面，或從旁面，自有闡發。論語又云：

舉一隅，不以三隅反，則不復也。

當知講授不能一語遍盡全體，端待學者從所講，自己反身自求。天下事理至繁，若死在句下，聞一只知一而止，此僅是記聞之學。記聞只是死知識，把別人知識如記賬式般，登入賬簿而已。最多只作口耳稗販。從事學問該先懂得此「反」字，此即孟子書中「反求諸己」之「反」。為學、做人，同重此「反」。我下面則只從為學方面講。

二

姑舉一例，如說：「漢高祖以平民為天子。」聞人說此，自可成為自己一項知識。但重要在退下去尋求。如試設問：「歷史上帝皇除漢高祖外，他們又都是以什麼身分而獲為天子的呢？」如此一問，則自然會在自己心上開出一條新路來。

當知舉一反三，如云一角是直角，則其他三角亦必是直角；此非必然盡然之事。若遇見者是一方物，誠可因其一隅推知其餘三隅。此是從偏得全，即猶顏回之聞一知十。十即是一「全」數。但在聞一知十之前，尚有聞一知二。聞一知二已甚不易，並非如我們所想像，聽著一句話，即知話之反面，或有關此話之一切。當知在學問上，此等情形極少。即如學幾何學，好像從幾條定理即可推出一切。此亦待善推者。不學幾何，即知了此幾條定理亦無法推。而且幾何定理多是假設，世間並無幾何定理般之具體實例。即如說：「二點之間最短者為直線。」其實，甚不一定。我們從事學問，求取知識，卻不應只想推一概萬。如此想法，多半會要不得。從此可知舉一反三，也須一一的去反，不是一反便得了三的。

今再講中國歷代開國皇帝，以平民為天子者，前有漢高，後又有明祖，此是一知識。但若將其餘各開國天子，從其出身加以分類，則所得知識自會更進。今再問：「何以歷代開國以平民為天子者僅此兩人？此兩人又何以獨能以平民為天子？」如此推尋，便見問題迭出，而在每一問題之後面，實藏有一番新知識，待你去發現。

昔梁任公見西洋史有「革命」，因說中國史無革命。但如漢高祖、明祖，以平民崛起為天子，此非革命而何？若必說此等只是「造反」，並非革命，則試問此兩人何以獨能造反成功？其餘各代何以造反者皆失敗，而開國為天子者別有其身分？當知能發生一問題，自可尋出一知識。而此等問題，則皆由如「漢高祖以平民為天子」之知識牽引而來。此一知識乃我所聞，由「聞」而「知」。其他由自己「反」後所「發」。如此始可聞一知二，聞一知十。然亦非當下聽了一句，即可知得兩句或十句，學問絕無如此易事。此等皆在退下私自用工夫，由一件事、一方面，舉一反三，自己尋求。不僅學問如此，做人亦如此。此即程子所云：

自能尋向上去也。

程子又有另一語云：

學者須會疑。

「會疑」便是「反」，便是能自發問題去推尋，結果纔可聞一知二，乃至於知十。

倘使只聽人家一句話，或只讀一本書，把它記下，認為是知識；此如孔子問子貢：

「汝以予為多學而識之者乎？」子貢對曰：「然。非與？」孔子曰：「非也，予一以貫之。」

今試問此「之」字何指？即所貫者係何？當知此「之」字非即是指道，所貫乃指上面之「多學」言。聞知以後必要求一貫通，「貫」猶一條索子，用來貫串散錢。如無散錢，則要此索何用？今諸位似乎只怕無此索子在手，但有了索子去串什麼？又問究如何般串法？若已知中國史上，只有漢高、明祖以平民為天子，又知其他歷代開國君主各以如何身分；你知得了這些之後，再把一兩語來加以說明，這便將歷史上歷代開國，有一條線能把來貫串了；這便是讀史後之一種啟發。能如此讀史，你的歷史知識便可漸向高明。

當然有些事，前人早已如此般尋求過，亦已如此般貫串過。因此孔子又說：

多聞擇其善者而從之，多見而識之，知之次也。

多聞、多知，此乃知識之第一步，能擇是第二步。孔子又說：

好古敏求。

能敏求，是第三步。如是步步向上，歸結則須聞大道。聞大道，始是「一貫」之最後境界。今若讀論語，講孔子之道，認為只以一「仁」字便可概括了，論語二十篇也不必句句細讀。試問天下究有如此做學問之理否？

其實學問仍只是一求知。孔子又說：

溫故而知新。

聞先生一語，此是「故」。你能知二，此在一之外又加一，乃屬「新」。知一即知其故後，又要去溫，去自反自求，如是乃可以知新。若只能溫故不能知新，則仍只是在外面的記聞之知，並非由自己開發得來，有知只如無知。如此曷可為人師？為人師與稗販究不同。諸位要講中國歷史、中國文化，乃及古聖先賢之大道，當知均須如此逐一推尋，逐一貫串，由溫故中開悟新知。但卻不該憑空思索，發大議論，成空言說。

又如「士」字，依文字學講，是「推十合一」。善做學問者必能「推」，推十只是推至極，推十而能合一，然後吾道一以貫之，這纔成為一「士」。如何推法，應在一語、一知中，三反四覆地用功夫。如由「漢高以平民為天子」一語推去，推到明祖亦以平民為天子，又推到其他不以平民為天子者，愈推愈廣，把歷代開國帝王全推盡，再合來成一束，便成一「新知」。此種新知，很多為別人所早已說過的，但因由我自己推來，則終不失為我自己之心得。做學問最簡要方法只如此。扼要言之：要「推尋」，要「會通」，要「自能尋向上去」。如此亦即孔子所謂「下學而上達」。

三

今再根據上面所講，舉些具體例來說明。

最近我曾寫過兩篇文章，前一篇講的魏晉南北朝，題目是：略論魏晉南北朝學術文化與當時門第之關係。後一篇尚未脫稿，講的是元末明初，題目是：讀明初諸臣詩文集。古人說：「鴛鴦繡出從教看，莫把金針度與人。」諸位讀書莫只看鴛鴦，應看他的針。我今且把我寫出此兩文之針線，約略說與諸君。

魏晉南北朝人尚清談，看重莊老思想，此語人人能說。或說當時門第有政治、經濟兩方面之背景，此一層亦人人皆知。我前一文只是由此再去「推尋」。先問當時重莊老，是否更無人講孔孟？此問題一尋即得。乃一尋之下，適得其反，當時經學卻極盛。十三經注疏泰半出於魏晉人之手，而且王弼講老子，同時注易經。何晏講老子，同時注論語。郭象注莊子，同時亦嘗注論語。何以莊老盛，同時孔孟儒家及經學亦盛？此層又須推下。

今再問，一個家庭只賴政治、經濟特優背景，便可維持數百年之久於不墜嗎？此從常情常理講，應不如此簡單。於是再得推尋。推尋之下，發現了當時門第中人都極重講「禮」。然後又問莊老反禮，當時人崇莊老、尚清談，為何又愛講禮？從此又得推尋。此處我卻要告訴諸位一極關緊要之處，即諸位且莫憑自己意見。換言之，即是莫憑自己空想，即對問題加以解答或批判。當知此類問題之答案，實即擺在你面前，一切有憑有據，只要肯去推尋。推尋時自然要運用思想，但所謂運用思想，其實只如一條線，指你向前，指你一條尋求的路。當你向前尋求時，卻須步步從實處邁步，讀了此書再讀那書，知道了這裏再求知道那裏，如此尋下去，自然會有答案。因此答案即新知，必由溫故而來，即是由實處知識來，並不是由你憑空想得來。所以孔子說：

> 我嘗終日不食，終夜不寢以思，無益。不如學也。

待你得了此答案，接著又會來新問題。於是又須向前，又須繼續尋求。如是才始能「推十合一」，得出一十足完全的答案。

此之所得，當然要運用你思想。思想如一條線，隨時隨地指你向前，所以謂之「思索」。但主要須向實處索，切莫索之冥冥，憑空思索。我如此一路思，一路索。一面溫故，一面知新。乃知當時魏晉南北朝人既講經學，又更重講禮，講孝悌，講家規門風。又知魏晉南北朝人亦重史學，並重文章。凡此之類，皆與莊老思想並不在一條路上。但魏晉人重莊老，此亦是一事實。且當時復有佛教羼入。佛氏講出家，又與魏晉以下人重門第不同。如此愈尋愈複雜，於此一複雜情況中再推尋，終於得出一結論。諸位聽我這番話，再去讀我那篇文，則不僅看到繡出之鴛鴦，而且我已將繡此鴛鴦之針線，度與諸君了。

其實以上所說，只是朱子格物窮理之教。朱子教人：

今日格一物，明日格一物。莫不因其已知之理而益窮之，以求至乎其極。

魏晉人崇莊老是已知了，但須因其已知而益窮之。是否他們便不講儒家經學呢？此是又一物了，須你明日之再格。若僅憑自己懸空推想，講莊老，自然不講儒家經學。那是只格一物，不再格了，又如何說得上「益窮之」呢？此即是孔子所謂「思而不學」呀！又如你只讀三國志，讀晉書，讀南北史，讀王弼、何晏、郭象諸家，又讀十三經注疏，儘讀儘記，卻不用思想，不知道這裏面有問題，那又是孔子所謂學而不加以時習了。諸位把我此次所講，再去細讀我那篇論文，自應有所體悟。

上文我久已寫完。今年我又另寫一新篇，即讀明初諸臣詩文集。我在十年前打破頭，在臺中養病，對此文已有一腹底。去年冬，我胃痛復發，嘗繙讀明初各家詩文集作消遣，而遂決意下筆寫此文。

我們講文學史，常說唐詩、宋詞、元曲，此話固是不錯。但諸位不可由此憑空推想謂元代只有曲，更無詩文名家。這又如因知魏晉人崇莊老，便輕謂他們不講儒家經學，這就大誤了。只因你有了一項知識，反而害你引生出許多誤見。其實元明之際，詩文極盛，名家輩出，而且他們各以「文統」「道統」自負，自謂上溯宋唐、直躋兩漢，而遠攀西周。元曲在當時，只是流行於一般社會民間，而在元人詩文集中，則極少提到關漢卿之流。今日淺薄的講文學史，誤認為在當時新的已推翻了舊的。好像元代當時人，便只知有關漢卿等曲子一般。可知憑空推想，斷無是處。若你知道元曲盛行，有關漢卿等，不隨便推斷，卻能在心下推問，那麼這時關於傳統詩古文方面又如何呢？如此一問，再照此問自己尋去，則元代詩文集便赫然都在你目前，你始知所謂「不廢江河萬古流」，當時文學主幹依然仍在。元人並非只有曲，曲則如老幹上發了新芽般。

亦有人推想：唐宋盛行科舉，故人皆致力於詩文。元代科舉中斷，文人乃皆轉移興趣來寫白話的民間文學。此說只是憑空推想，其實無史實作證。亦有人說：蒙古人輕視中國文化與士人，「九儒十丐」之說，見於陶宗儀之輟耕錄中，可見確有此語之流傳。但中國士人傳統，在元代仍存在，只看宋元學案元儒諸卷，便可知元代有多少理學家。再考元代人著作，如看清錢大昕補元史藝文志，論其數量即至繁夥。經學在元代並未衰落，抑且較之後起明代為盛。此處只一讀朱彝尊經義考便可見大概。又，通志堂經解中收刊元代人著作今俱存在，可知元代並非無儒。元人固不重用儒，但不能憑此推想即謂元代無儒。

四

以上所說，只是告訴諸位，憑空推想是要不得的。如知元曲盛行，便推想元代詩文都衰了。如知九儒十丐之說，便推想元代無儒，或儒學不振之類。做學問重要應在能推尋。如知元曲盛行，便去推尋元代詩文怎樣？如知九儒十丐之說，便去推尋元代儒家及儒學怎樣？卻不該束書不觀，游談無根。單憑一點知識來懸空概括其全體，你就為此一點知識誤了。你對此點知識外，其實是無知識，無根據，卻憑空發大理論，這些理論則只是你的想像和意見，事實並不如此。此層不可不知。

又如元人不依科舉用人，不重儒，而又把中國人分為「漢人」與「南人」，壓在蒙古人、色目人之下。當時南人是在四界之最下，最不被重視，或可說是最受壓迫的。但當元時，南方學術卻很盛。當知中國歷史上，列代開國，儒生文人最多的，只有唐與明兩代。而明初較之唐初為尤盛。大家都知如宋濂、劉基、高啟等，皆浙江人。在明代開國時，此許多學人均已成學。換言之，其成學皆在元代。元人不重儒是事實，元政府不重用學人又是事實，元代卻儘有儒生與學人此亦是事實。此輩儒生與學人如何存在？如何發展？於是不得不聯帶來推尋到他們的經濟背景。由此問題追尋下去，便得明白元代之社會實質與其經濟情況。這又牽連到另一問題上去。只要有了問題，自會得答案。而此項答案，則必是一項新答案。這即是孔子所謂「溫故而知新」。一連串的問題與答案，則只從輟耕錄中「九儒十丐」一語引起。可知只要把握得一條思想線索，則自會尋向上去。但此並非憑空冥想。此層則須注意。

昔章太炎曾云：

> 歷代開國之正，莫過於明。

此語實涵有甚多道理。如何是開國之正，如何是開國之不正？其實章氏此語，明代人早已言之。在辛亥革命前後，大家說：「驅除胡虜，光復中華。」好像在元末明初一輩儒生文人應該大家反對胡元，贊成革命。那知稽之明初史實，卻又適得其反。

十年前，我在臺中養痾讀書，無意中知得有很多儒生與學人，都拒絕了明代之徵辟。明祖思賢若渴，盡力網羅儒生與學人，此是事實。但明初諸儒對元、明易代，心情上並不興奮，甚至有抱冷靜態度乃及反抗意志的，此又是事實。此一事實，豈不遠出我們推想之外！憑空推想之要不得，此又是一絕好例證。

我在去冬胃病復發，只隨手翻讀此元、明之際的詩文集作消遣。因此卻見到當時儒生有為元死節者，有拒不與明祖合作者，有勉強應徵以至不久即力求歸隱者，有身仕於明而筆墨歌頌仍在胡元者。由此再引起我十年前在臺中養病時所得之舊印象，想把元、明之際此一時代儒生學人之內心觀感，從其詩文集中鈎勒出來，為他們當時的士羣意態描繪一大輪廓。這是我動筆寫此篇讀明初諸臣詩文集的動機由來。我此文主要乃在由文考史，專從詩文集中來發揮出當時的史情，即當時的時代心情來。此卻可稱為別開生面。諸位聽我此番講演，再去讀我論文，便知那繡鴛鴦的一套針線工夫，究是何從下手的。

我此文所發明，其實有許多話，前人早已說過。如錢牧齋列朝詩集小傳中，將劉基一人之詩文集分別列於「甲前集」與「甲集」，此乃一極特殊處。其在元時所作置於「甲前集」，入明後所作者置於「甲集」。若將此前後兩期之詩文作一比較，則劉伯溫一人前後心情之轉變，便再難掩藏文飾了。

當時亦有人勸劉基起事，劉氏答以：生平最薄張士誠、方國珍所為，而峻拒之。在劉伯溫心中，此等皆屬「草寇」。但當時一輩草寇，卻都極力延致儒士。即說到明太祖，其竭意網羅士羣，實也和方國珍、張士誠沒有很大差別。太祖曾謂劉基、宋濂、章溢、葉琛曰：「我為天下屈四先生。」此一語大可玩味。明稱此四人為先生，固是極表敬禮。而下一「屈」字，更有意義。可見此四人之出仕，實是「屈」了。明祖代表草寇，即平民。此四人代表士羣，即儒生與文人。士人參加當時革命，在當時雙方心中，都覺得那輩士人是屈了。此中卻有一絕大問題，可知當時士羣與平民間，實大有涇渭清濁、丘岳高下之分。當時奮起革命反抗胡元的，只是一輩平民草寇；而一輩士羣對之則甚為淡漠，並有儘想把此輩草寇平民削平來維持胡元的，劉伯溫即其中之一人。

此處牽連到兩大問題：

一是上面說及元代之社會實質及其經濟背境。

二是當時儒生文人以文統、道統自負的，他們之學術淵源及其思想系統。

此兩問題若求深入，實對瞭解當時歷史有甚大關係。但我此文在此方面，則並未深入，沒有繼續追尋下去。我此文，只求將當時士羣之內心情態揭發出來，專拈此一點，為我文之主題。但為此已化去不少筆墨。若要繼續深入，則不得不另造專題從頭再說。

五

近人寫歷史論文，有些都有意好做翻案文章，此事實在要不得。以前人寫下的歷史，實在也無很多大案可翻，但我們卻可從前人所沒有注意的舊材料中來開拓新方面。如我此文，從明初諸臣集來考當時士羣之內心情態。此一方面，若專讀明史，自不鮮明詳盡。因此說這是另開了一面。又如從元典章及當時詩文集中，來推尋當時的社會經濟，此又是一方面。我們再把此諸方面會合起來，自然所得與只讀明史不同，此便是「推十合一」。但如此推尋下去，也並不是說可把明史推翻了。

今再說中國一部二十四史，已感令人無從讀起，如何又要從正史再多開方面到詩文集及其他書籍中去，豈不是窮老盡氣，白頭而不得所歸宿嗎？當知如此便又走上務博記聞之學上面去，此卻並非我今天此番講演所要提倡的。我只盼諸位能懂得「推尋」，能自有一思想線索，逐步推尋過去。學問要各人自己懂得如何運用其智慧及思想，則正在這等處。

又如洪武十六年有大誥，其中有「寰中士夫，不為君用」之條。可知當時士羣內心，並不對新朝革命感大興趣。因此又牽連及於民族思想，所謂「夷、夏」之辨，似乎當時士羣，於此多淡漠忽忘了。這上面當然又是大可研究。若我們能由此推尋上去，把元人入主以下這七八十年中，中國士羣對於民族觀之轉變，能尋出一條線索來，自然更是極有關係了。

講至此，我纔懂得黃梨洲明儒學案以方孝孺為明初第一學者，而又把他列入諸儒學案中之所以然。諸儒學案是學無師承的，但方孝孺有師，豈得為學無師承！宋濂是方孝孺之師，又是明初開國第一大學者。但在黃、全兩家學案中，卻把宋濂置在宋元學案中。把宋濂認他是元儒，而把方孝孺認為是明初第一大儒，又是學無師承。可知此處實有極大意義，大可闡發。

我讀方孝孺集，其中有兩篇大文章，一論正統，以為統有二，一正統、一非正統。中國歷史正統，南宋之後應屬明。元代雖統一中國，然在中國為非正統。此一理論，由方氏正式提出。此一問題，在我們今天想來，好像平淡無奇。但若我們能從頭一讀明初諸臣集，便知方孝孺此一問題，在當時實可震動一世。明之為明，要從方孝孺起，纔始在中國人心中有了一正大光明的地位。此問題若牽連向上推尋，一讀楊維楨集中之正統論，此在元末也是震動一世的。自有楊氏之正統論，而中國人心又一變。若我們再從楊維楨所主張的正統論向上推，便知另有一種正統論存在於當時人心中。如此一看，在我們此刻心中，認為中國史家講正統、非正統，全是陳腐沒意義的，那卻又是大錯特錯了。

方氏集中又論唐、宋文章，他認為宋文價值應遠在唐文之上。韓、柳之文，在方氏評價中，並不甚高。此又與元末明初諸文士之文學觀點大異其趣。但不幸方氏在永樂朝遭受極禍，此下明代文人又轉入了另一條路，要講「文必秦漢，詩必盛唐」，那則又是另一問題了。諸位若能從我此時所指出的，自用思想自己去推尋，其中自有許多新問題和新知識，卻為從前人所未理會到者。

六

我此番所講，主要在勸諸位做學問不可看輕了知識。知識不專是記聞，卻貴有「新知」。新知貴能自用思想去「推尋」，不可誤認憑空推想即可得知識，此只是想當然。想當然之處，須就事實去檢查考訂。各人才性相異，興趣所偏亦不同。因此各人之思索路向亦儘可有不同。但各人都該懂得推十合一，求其能到一以貫之的境界。所貫有小有大，先從小處能一以貫之，再推尋向大處。若在大處亦能一以貫之了，此即朱子所謂「一旦豁然貫通，而求至乎其極」了。因此我說，朱子教人格物窮理之學，實在不可忽。做學問固是該能善用思想，但也該有材料、有根據、有證驗、有貫串。此應靈活推尋，由此及彼，發現問題，自可求得答案，增益新知。此則程子所謂「自能尋向上去」之眞實用功處。請諸位注意。

今天許多人多就歷史來講文學。我此所講，則以文學來講歷史。此即是我所謂從入之門有不同。蓋文學乃是各人自己內心之表現，故讀歷史須注意人物，研究人物又必須注意其詩文集。此只是讀書做學問之一端而已。我只為諸位舉例，貴乎諸位之自能舉一反三。

現在再說：做學問不能無師承，又不能離書本。「十室之邑，必有忠信如丘者焉，不如丘之好學也。」要學，如何不從師、不讀書！但也不可拘泥，仍應多以古人為師，自運思索，觸路旁通，由近及遠，如此纔可見出自己之眞性情而得眞樂。益進而深求之，則可接觸到學問之大體系而明其大道。推尋再推尋，會通再會通，將來或可成為你自己一個嶄新的學術整體。其實只從一點一滴，一個一個據點上推尋出來。即所謂：「今日格一物，明日格一物，莫不因其所知之理而益窮之，以求至乎其極也。」做學問如此，做人亦然。此層有待諸位自己體悟，恕我不在此番演講中再及。

（一九六三年五月十日新亞研究所第四十五次學術演講討論會講。刊載於一九六四年六月十九日香港新亞生活雙周刊七卷四期。）

談當前學風之弊

一

一時代有一時代之風氣，所謂時風眾勢，可恃而不可恃，可畏而不可畏。西方歷史上，軍事政治如亞歷山大、拿破崙、希特勒、史大林、赫魯雪夫，前後諸人，名震一時，而敗不旋踵。其學術與政治分別進行，學術轉變趨勢之快速，則較之政治更有甚者。以中國史言，學術、政治每相聯依。如歷代科舉考試，輕重高下，各有變遷，但其變則較遲，不如西方之快速。即如清代，蘇州府曾有一人，於秀才、舉人、進士三次考試，均獲榜首，在城中學宮旁有「三元及第」之牌坊；但蘇州人僅見此牌坊，早忘其姓名。制度如此，風氣亦然。但兩者間雖有相關，亦有隔閡甚遠者。論其影響，則社會風氣實更要於政治制度。

中國每一時代之學術，亦自成風氣，時有變遷。如明代晚年，歸有光譏王世貞作為文章，乃妄庸鉅子。在當年無人不知王世貞，但後世則無人不尊歸有光。風氣變，學術亦即隨而變。江河不廢萬古流，學術自有其長久之傳統，而終傳承不變者。開創一時代之新學術，或在其人生世並不獲享盛名，甚至身後較近亦然。有經歷長時期，而其名乃顯，其當身所提倡之新學術乃始獲盛行。專以文章論，前之如唐代韓昌黎，後之如明代歸有光，皆其例。

文學最易感動人，其情勢尚如此，其他不勝舉。又如宋代程、朱提倡道學，在當世皆曾受朝廷禁錮，斥為偽學，而其後終獲盛行。尤如考據學，具體客觀有憑有據，但如清初顧亭林所著日知錄，其書亦歷久始顯。

治中國學術史，乃知一學術之興起與流傳，莫不有其內在不磨不滅之價值。而此種價值，每與其當代之時風眾勢不相並立。故一代大學者，必能卓越流俗，違抗風氣，而有所建立與轉移。治學術史者，每注意各時代少數卓越傳後之人物。而當時之時風眾勢，一時煊赫，而終歸消失之人物，則每不加注意，任其消失。時代變斯學術亦隨而變。一時代則必有一時代之新人物與新學術。而亦有陷其自身於時風眾勢中，與其時代同歸消滅者。此等人物，乃概與學術大傳統無關。

茲談當前學風之弊，非屬好辯，乃屬孟子所謂之「知言」。惟知言乃能養其浩然之氣，而不為時風眾勢所攘奪而轉移。每一時代學風之弊，並不一致，須能各別指出其每一時代中心病根之所在。當前學風之最大弊害，則在於「學」與「人」離，「學問」與「為人」判若兩事。僅知為學，不知為人。此在西方則視若當然，而中國乃大不然。中國學術傳統，為學、為人緊密相連，不相違離。抑且為人是「主」，為學是「副」。為人乃其「目的」，為學則乃其「手段」與「過程」。故學者之重其所學，必當重視其所治學者之為人，遠過於其為學。即文學、字畫、雜藝、眾技皆然。經史百家之學，則義更當然，可不待論。

當前之新學術，遠從清代道、咸時期起。如龔定菴提倡今文經學，乃云：「但開風氣不為師。」但此後如曾國藩、陳澧、朱九江諸人，其學皆遠有傳統，其人則皆巍然為一代大師，決非但開風氣而已。

後起由四川廖平而轉入廣東康有為，乃有長興學記、孔子改制考、新學偽經考諸書，而其風乃視定菴所言而所變益甚。又有大同書，乃是以其一己之託古改制，大膽妄言。古人之學，乃盡供其一人作為疑古辨偽之用。此後廖平已自變其說，而康氏則堅守不變。其對當時之政治，則既反傳統，亦反革命。但知保皇，而加之以變法。清室既亡，康氏又主復辟。失敗後，藏身北京荷蘭公使館，而其舊著作新學偽經考乃一時風行，又重加翻印，羣相傳誦。錢玄同、顧頡剛諸人乃隨之又有「疑古運動」之興起。

康有為同時有章炳麟，幼年從學於俞曲園。以贊成革命運動下獄，重讀佛經。其對經學則與康氏公羊今文經學唱相反論調，主張古文經學。又著為國故論衡一書。前清諸學人曾創國粹學報，稱引清初晚明諸儒，於當時提倡革命大有裨益。而章氏則改「國粹」而為「國故」，繼之曰「論衡」。「論衡」二字，則東漢初年王充著書反對孔子之舊名。章氏又有馗言訂孔篇，又有葑漢微言一書，以儒、佛相比，孔子地位乃遠在釋迦之下。故其學雖反對康有為，而其輕視孔子，則實更在康氏之上。此兩人，在民初稱兩巨儒，則此下學風不問可知。

康有為門弟子梁啟超，最為當時一青年傑出人物。與其師康氏同遭戊戌政變，脫身逃至日本，創為新民叢報，偏行全國。又編有中國六大政治家，凡在中國歷史上提倡變法之人物，梁氏則均推之為政治家，共得六人。其後返國，在北方軍閥政府下任職。袁世凱稱帝，梁氏與蔡松坡同赴西南討袁有功。此後乃在清華研究院講學，自稱當不再涉足政治。歐洲第一次大戰興起，梁氏著有歐洲戰役史論一書。戰爭結束，梁氏親赴歐洲，又著歐遊心影錄一書。此兩書對歐洲文化已有極深細之探討與批評，但晚年又著近三百年學術史一書，則仍守其師康氏之說不變。惜不久身亡，年尚未及六十。誠堪謂中國近代學術界一大堪惋惜之事。

梁氏生平為學，謹守中國師道大傳統，絕不違背其師康氏。但其學術見解隨年俱進，實多有遠出康氏之上者。晚年在南京中央大學講演，提倡中國政治為「禮治」，與西方之「法治」對立。此對近代中國討論中西文化異同，當為一極大貢獻。尤其著歐遊心影錄，針對歐洲文化疾病有所批評發揮，亦堪為近代深慕西化者一忠告。

民國現代學人，介紹西方學術思想，有其相當貢獻者，尚有嚴復，傳譯英、法民主，如穆勒名學，羣學肆言等書。而更要者為天演論一書，在當時中國思想界發生了極大影響。又有王國維，與梁任公同時駐講清華研究院，其早年曾著靜菴文集一書，提倡紅樓夢，謂為中國式戀愛悲劇，極具時代影響。其他如人間詞話，宋元戲曲史，皆於近代提倡新文學白話文有貢獻。其治甲骨文，則為當時地下發掘工作一顯學。惟其為清遜帝宣統師，乃至留辮不剪，甚至投昆明湖自殺，此則以一中國革命後之平民學者，而轉為亡清一遺民，其不明時代潮流、民族大義有如此。此誠大堪詫怪驚異之一事矣。任公、靜菴清華講學稍前，北平各大學乃有「五四運動」，隨至有「新文化運動」、「青年運動」等。提倡科學名之曰「賽先生」，民主政治名之曰「德先生」，而並未在賽先生、德先生兩方實際用力，卻專在菲薄中國傳統文化、打倒國故、打倒孔家店、打倒舊文學，在破壞中國傳統文化方面實下功夫。於是線裝書扔茅廁，廢止漢字，作羅馬字拼音，全盤西化等口號與工作，乃不脛而走，一時成為全國之新風氣新潮流。但其所提倡之「全盤西化」，實則從西化言，並非全盤，如不提倡西方之宗教，又宣稱「打倒玄學鬼」，「哲學關門」等，此在崇拜西方學術上，先已打了一個絕大折扣，可謂早已氣衰。於是乃繼之而有毛澤東之共產主義出現。

要而言之，當時高呼西化，實僅屬門戶，絕無師承。有專門之分別，而無通盤之大義。有派系，無通論。不僅不講中國傳統，於西方傳統，亦自立門戶，強加分別，不相統一。故當時講西方傳統，眞得成為一專門者，乃惟有馬克斯一家。惟此一家實際已盡轉在政治一邊，而與學術思想已相遠離，全不關涉。

今再綜合言之，當時之文化革命，只作問題研究，無專書選讀。只重發表創造，不求學問承繼。提倡西學，而也不看重翻譯。五四時代一切口號都已在清末鼎革前後下了種，伏了根。五四後研究主題，都承續鼎革前後而來。主要者如墨經，如佛學，如疑古，如甲骨，王安石、張居正、紅樓夢等，豈不皆在五四前早已喧嚷？

五四運動稱道五四以前學術界人物，最受當時大衆重視轟動者，如謂戴東原反理學，章實齋反經學，崔東壁疑古等。其實此等皆有問題，深細論之，並不盡然。

又從來從事研究學術之三步驟，一、崇信古代一位兩位學術人物。二、專意一部兩部傳統巨著。三、劃定一範圍探究一個兩個研究題目。此一題目則與全部學術大體有關聯，如清代之漢學，宋代之理學，唐代之古文運動，魏晉清談等。與今之新文化運動相互間俱不同。在彼皆有內容，而新文化運動則只在打倒舊文化，實無具體內容可言。

故所謂新文化運動，只言方法，不指途徑。只有題目，不問體系。近代學術思想，只「空洞」二字可包括盡淨。其不能有成效，亦不煩深論而可知。然則今之中國學術界果當何所建立？又何去何從？豈不仍待我國人當前之一番深長思慮，從頭建立。而豈一任空洞，長此學絶道喪而可以安身立命乎？幸我國人其再加深思之。

二

辛亥革命、新文化運動、抗戰流亡各時期，學術風氣一貫而下，並無甚大之相異。亦可謂均屬時代影響，並無學術建立。抑且時代愈下，學術愈壞。要而言之，近代中國乃在一學術衰退時代中，僅見有時代影響，不見有所謂學術，更不論所謂超時代之學術。但亦可說僅屬時代風氣，並無學術內容；其對時代實可毫無影響，或僅可加添些壞影響。時代過去，所謂一切學術，亦成過去，不復存在。學術如此，人物亦然。林林總總，盡是時代下之人物，對時代不能加以匡救斡旋之功。

如西漢公孫弘，此乃迎合時代一人物。董仲舒則為一超時代，乃至創造時代之人物。上至如戰國時代，蘇、張縱橫，亦即時代下之人物。同時儒、道講學，乃始為超時代之人物。近世如孫中山乃超時代創造之人物。袁世凱則為一逢迎時代，乃時代下之人物，亦可言即時代所形成之人物。又如康有為、章太炎、梁啟超、胡適之等人，其人之時代性實亦超過了其學術性。而如柯鳳蓀、王先謙、孫詒讓諸人，可謂其帶有學術性，非時代性所能包括。故每一人物，均可於「學術性」與「時代性」上加以分別。

大體而論，中國文化傳統栽培人物，主要在學術性，非時代性。而西方則正相反，可謂其看重時代性更超過了其學術性。惟其如中國，人物之學術性超過了其時代性，故能文化綿延，以達於五千年之久；惟其如西方，時代性多超過了其學術性，遂使其時代多變，而文化亦隨而變，無長時期綿延不斷之精神。故中國人好言「傳統」。而西方人則多言「變化」與「進步」，對中國「傳統」二字非所重，抑且亦非其所知。此乃中西雙方文化一大相異處。

近人對時代每稱「潮流」。中國文化綿延，乃有「傳統」。而西方之所謂時代人物，都從潮流中產生。中國之所謂學術人物，則從傳統中產生。時代潮流多屬「新」，而學術傳統則必屬「舊」。故西方人重新時代、新風氣，而中國人則多重視舊傳統、舊根柢。中國之所謂學術人物，雖在此時代中出現，但由傳統中產生，不得謂其乃由此時代所產生。只是時代新、潮流新，亦未能醞釀出新人物、新學術。故在西方，乃見各時代之學術，時而興，時而亡。在中國則學術自成傳統，實非由時代所產生。故各時代中之學術，未必能應付此時代。乃為近代國人所輕視。而孔子則有「道不行」之嘆。當前之大陸，盡棄全國之舊，而惟西方一時髦是趨，更堪為證。

學術隨時代而起滅，則無獨立性，亦無「承先啟後」之傳統性可言。亦可謂僅有其當時之適應性與反抗性，而無歷長期永傳之存留與持續性。今人僅知重革命性，但革命非即開創，非即建設。自中國傳統言之，須能眞開創、眞建設，乃得成為眞革命。此種革命性的學術，其在時代中轉若見有一種破壞性；在永遠大流中，乃見有一種傳統性與建設性。此如湯、武革命。其實桀、紂之惡，亦不如是之甚。在西方學術界，乃僅言開創風氣，而不言傳統師道。重開創，輕傳統，此誠中西文化之大相異處。

清代中葉，龔定菴言：「但開風氣不為師。」中國歷史上，獨師者非僅開風氣於一世，乃可有師承傳統綿亙於百世。其僅開一時風氣者，則既非前一時代所遺傳，亦不為下一時代所師承。康有為之為學，即繼承龔定菴來，而早不尊定菴為師。同時如章太炎，本奉俞曲園為師，但其後下獄，專心誦讀佛經，即已棄其師承。故在當時，康、章二人，皆僅傳有弟子，而不再有其所師。但二人之政治立場則遠不同。就當時一般情況言，也可謂政治變，學術也隨而變。故康、章二人，實際上亦不得謂其眞有弟子傳人。即胡適之亦然。雖其提倡新文化運動，一時風氣披靡全中國，若無與倫比，實則亦無眞傳人。一時人物皆在風氣潮流中產生，而實無學術傳統可言。中國人之所謂學術，則必當能超乎風氣潮流之上，而有其獨立存在、承先啟後之意義與價值。不能僅在風氣潮流中出現，僅隨風氣潮流而俱變，此則不得謂之眞學術。康、章、胡三人，皆可謂中國近世「時代人物」而非「傳統人物」一好例。後浪逐前浪，迄今皆已成過去，其具體情實，豈不昭然可睹！

胡適在北平時，又曾稱章太炎為「死老虎」。其實胡適離開北平後，豈不同樣是一死老虎？平心而論，章氏在學術舊傳中，尚能少有陳述；而胡適則遠不能與章相比。其所為中國古代哲學史一書，稱述先秦諸子，大體因承章氏國故論衡之意，惟文言、白話有所不同而已。

同時梁任公，則頗能隨時發揮學問心得，自有其新境界。惜其拘守中國尊師一舊傳統，終其生不肯明白違反康有為。此就另一端言，亦可謂乃中國學人一美德。但於時代貢獻則頗有所損。故雖時創新見，而終不能暢所欲言。如其倡為新民叢報，又改創國風報，創刊辭中，謂英國、法國各有其不同之國風。則中國之亦當自有其特殊國風，豈不斷然可見？此當謂梁氏當年一大創新，而梁氏終不肯自暢言之。又如其在世界第一次大戰時創為歐洲戰役史論，於西方此項戰爭之演進，創痛所在，亦不可謂其無眞知灼見。及戰爭平息，親赴歐洲，歸為歐遊心影錄一書，更能進而批評西方文化之病痛。此實可謂乃當時國人惟一大創見。又如其主張中國傳統政治，乃「禮治」非「法治」，剖辨中西文化異同，更為深見卓識。其他不遑一一詳說。平心論之，梁氏實可謂中國現代傳統學術人物，非僅一時代人物。

余自幼年即知有任公姓名，但誤會其乃一歷史人物。年十三，投考中學回家，獲讀任公文字，始知其尚在人世。年十八，民國元年新春，讀其國風報發刊詞，大加崇拜。嗣後，乃於任公文字無不一一細讀。深恨余初赴北平時，不幸任公已辭世，始終未獲有一面之緣。又恨其享壽不永，卒年未及六十。果使任公健康，活到七十八十，不知其學問思想又將達何境界？又恨其雖曾獲與孫中山先生晤面，而限於師承學統不同，與中山先生終有扞格，不獲暢有融通。苟其幼年時，早獲良師，使其學有正傳，則孫、梁二人之相見，對中華民族前途豈不大有希冀？任公天姿聰穎，當可上與孔門顏子並美。不幸幼年從師非人，否則豈不乃我中華民族當前一大幸。悲哉蒼天！尚復何言。而余之不獲與任公一面，亦余畢生一遺恨，謹誌於此，以告讀者。

今再綜合言之，康、章、梁、胡只受時代之捧，無學術傳授，無後起學人之踵興。在此時代，師道淪亡。有時代師，無學術師。有世俗師，無傳統師。更無大師。學者都追隨時代，非有師承。求變求新，都不能承先啟後。追隨風氣，而非能卓然自守與超然獨立。更不能創造開新，自闢天地。人人亦僅以追隨風氣而慕為一時代之學者，但並無能自守獨立，為一時代中之眞學者。故當前一時期，乃可謂實無人能當一大師風格，才使人與學離，學與人離，又復學不成人，人不成學。學絶道喪，是誠當前一至堪悲痛之事。

學有師承，乃有傳統。所謂師承，有當時之師，也有上追古人為師。如北宋二程，其當身之師為周濂溪，為胡安定。上追古人，則可謂其眞有得於孔、孟不傳之秘。又如南宋朱子，當身之師為李延年。上追古人師，則為二程，為周、張，更上為孔、孟。有師承乃成其學術。於當代則成為一開創，為獨立，為新興。

時代中有問題，由時代問題開創出學術生命。時代不同，問題不同，所開創出學術新生命、新精神、新面貌也各不同，但仍不失其由舊傳統來。時代中之學術，有傳統性，非即時代學術。故凡成為一守先待後之學者，必有其時代，有其師承，有其傳統。此種學術雖與時代相結合，而時代既過，其學術仍得繼承，傳統不息，成為一民族文化之永存。僅是時代，造不出學術來，造不出文化來。如非洲人，豈不也是各有其時代，但亦可謂非能眞有其時代。有時代，則必有傳，必有新。無傳無新，此非眞時代。既無眞時代，亦無眞學術、眞傳統，又何得言文化？

如希臘之蘇格拉底、柏拉圖、亞里斯多德，著書立說，後世尚傳，一如其人尚存。而希臘之時代與文化，則掃地已盡，無再留傳。印度佛學亦然。學術與時代隔離，則如失去了生命。如蘇格拉底、柏拉圖、亞里斯多德諸人，在歐洲中古時期，亦曾發生了些影響。佛教在中國南北朝以下，亦同樣發生了更大的影響。但其學術已與另一社會、另一民族文化相結合，而與其本生之社會與時代及其民族傳統文化之原始生命則已隔絕。飛龍在天，與其在地為潛龍，猶是此龍，而一潛一飛，則大不相同矣。

學術風氣亦與時代風氣不同。時代風氣一過，即失其存在。但學術風氣可不隨而消失。如宋代理學，如清代乾、嘉考證學，此種學風，仍為後人所仰敬與承襲，所謂師法猶存。但如辛亥民初到「五四」時代之學術風氣，則事過境遷，不再存留。因其只是一時代風氣，而非有一學術內容。學術內容由師道來，時代風氣中則無師道、無內容，乃不能有傳統。故時代人物迨及下一時代，即徹底翻新，已不成為人物。如戰國時之蘇、張與西漢之公孫弘，在其當身豈不亦是一人物？而身沒即已，亦可謂已與鳥獸草木同腐。眞為人物，則必當有其不朽處。中國古人以立德、立功、立言為「三不朽」，立德乃其首，立言則僅其末。學術之不朽，乃在德性上。此誠有志好學者所當首先瞭解而首肯之一義。

在時代中同是一人，時代一過，則人生亦同歸消滅。而消滅中則尚有其不消滅者，故學術乃為時代之靈魂。而具有學術之人物，則為每一時代之主腦，不隨時代以俱盡。學術相傳，乃成文化。歷史與時代，則僅是文化大體外面一軀殼、一形象。乃形式的、物質的，非靈魂，無生命。亦可謂其無主宰，無內容，無本眞意義。天地自然一切變化，亦僅是一外相，永遠僅是一變化。寒暑晝夜，風花雪月，可稱是唯物的，須加進一神魂、一主宰，即是一上帝，始有生命實質，始有內容意義。中國文化傳統則並無明白提出此一上帝之名稱，即人生情感，即德性，即仁道，即學術師承，便已不啻一宇宙中之上帝。故中國有師道，而無宗教。此又中西文化一大相異處。

西方宗教家在自然變化中，必求建立承認一上帝。中國學者在學術變化中，找出一人類之性情與師道，傳統因襲，即成此文化傳統之靈魂與主宰。學者須學得此靈魂與主宰。自中國人言，則其實即在己，在己之心。如此乃有入門，乃有歸宿。惟此乃為眞學術，亦即眞生命與眞文化。其主要精神則在學者之能反己以求而自得之。故師道不在遠，即在己心。而學者之患，又在好為人師。此則又當深思而明辨之。

西方自然科學亦是超時代的，同有師承，有傳統，有其生命與主宰。但自然科學與人文科學，一屬外，一屬內；一唯物，一唯心。兩者絕不同。然亦同樣可影響時代，而不為時代所影響。時代消失，自然科學之傳統仍可不消失，依然存在。惟西方則為唯物的，此與中國人尊師重道之重於各自一人之內在唯心者又大不同。西方個人主義則僅主「人身」，中國大羣主義則主「心即德」，或謂之「性」。西方此種傳統，亦可超時代而存在。惟既屬個人主義，又主性惡論，乃只能視之為一外在之物，與中國人之「道統即心統」大不同。

以上乃陳述了世界人類學術眞生命之兩大端，一為中國傳統之「人文精神」，一為西方傳統之「物質精神」。惟其為人文的，遂重舊、重保守。惟其為唯物的，遂重新、重開創。中國自辛亥民初以至五四，一意崇揚西化，而實同樣違離此兩大要素。打倒傳統，無師承。時代革命，無追求。只有一番風氣，形成了一股力量，流向時代之浮面行動方面去。而又惟知自譴自責，對他人不知眞實效法。僅有對己消極方面，並無對人積極正面。僅有破壞，更無建設。而此一番風氣，亦形成了一股力量，僅浮在外面，針對著現前時代之政治與社會；並不能沉著內心，而承襲傳統民族大羣之學術與生命。其口號則為「以科學方法整理國故」，而實非眞科學，亦可謂乃反科學的。即論「國故」二字，無中心、無主見，散漫無系統，無重點。凡屬中國舊有皆為國故，則凡屬中國人，豈不亦成國故嗎？彼等謂中國乃一「帝王專制」，又謂中國乃一「封建社會」。既為封建社會，又烏得有帝王專制？既屬帝王專制，亦何得再有封建社會？此等謬論皆不出自西方人之所謂科學精神，也非科學研究，可謂全與科學無關。

近言「科學方法」一詞，也可謂無感情、無意義，隨心所欲，任其使用。所謂「客觀」，乃抹殺了自我精神，抹滅了人生之意義與價值，而空求其所謂客觀。學術之眞客觀，應在學術傳統與人生問題上。在客觀精神之下，不容於個人。但在偽造客觀之口號下，可以人人各自為政，即自我作主；一盤散沙，不成團體，不成氣候，無共同精神與共同目標。但個人力量薄弱，於是譁眾取寵，結黨為羣，形成一時之門戶與學閥。無學術性，而僅成為一種時代的羣眾勢力。一切科學探討，如由蘋果落地而發現萬有引力，此或本原於人類之最高心靈，最高智慧；其他輾轉形成，有關實用方面，如最近發明之電腦機器人，乃及核子武器之類，種種運用，均非出於人類之性靈，抑且有大背於人情者。既其如此，演化之餘，人性必自生厭倦，自加鄙棄，又烏得而成為文化之大傳統？此為西方專重唯物科學所必有之後果，即觀其以往歷史過程而可知。

三

新文化運動之催生人，及其主持人物胡適之，其人與辛亥革命前幾位學者康有為、章炳麟、梁啟超諸人有不同。一論其時代：康、章、梁三人，皆在變法與革命時，其政治立場有不同。胡適幼年留學美國，並無政治背景。二論其個人經歷：康、章、梁對於國學皆有根源，可遠溯之廣州、杭州阮元時代之學海堂與詁經精舍。胡適幼年赴美留學，其生活環境與向學經過，與康、章、梁三人大不同。留學時，著有藏暉室劄記一書，又著有文學改良芻議一文，刊載於國內之東方雜誌。初回國時，感想國內無學術空氣，又少有關西方新學術之出版。如讀墨子書，謂梁任公治墨學，言多違戾。其實胡氏解墨經，大義多本章氏國故論衡，惟措辭有雅俗之分而已。

胡適返國後之主要興趣，僅在批評當時國內學術界。其在社會方面，則以一留學生，不滿於當時社會之守舊。對政治方面，則殊少立場，斷不如革命前康、章、梁三氏之各有主張。其返國後之變化，則由國內沈悶求變無出路，與辛亥革命前康、章、梁諸人各於當時時局有主張，亦與當時社會對三人之政治主張各有異同離合之情況大不同。胡氏遽欲闢出一新路，此亦學術思想開新一大難題，非咄嗟可冀。情緒過激，則失之益遠。即以同時陳獨秀所出版之新青年為例，最早幾期頗對德國希特勒與帝國主義有興趣。文學則偏向傳統古老之舊文學，捧川人謝无量為楷模。胡適返國，而陳獨秀最先響應，主張文學革命，提倡白話文。最先景從者有劉半農，本在上海為禮拜六雜誌翻譯小說。又有魯迅、周作人兄弟，在日本曾著有域外小說集，模倣林琴南從事翻譯。可見彼輩與胡適之一時相應，成為一提倡白話文之新文學運動，皆證其思想無定向與情緒過激，非有深遠慎密之事先考慮，而遂激起此一潮流。此與深思熟慮，開創一新學術新路向者，情勢大不同。亦可不煩深論而知矣。

此外治古史唱為疑古運動者，其積極中心人物為錢玄同與顧頡剛。錢玄同初亦留學日本，拜章太炎為師；其後返國任教於北京大學，改從其同事崔適今文學主張，乃棄其舊師，又膜拜崔氏為師。並廢棄本姓，自稱疑古玄同。同時北大學生顧頡剛亦與錢玄同唱和，提出古史辨一著作，主張大禹乃一水族動物，其他不備引。此皆承康氏孔子改制考、新學偽經考來。其於中國古史實未深下功夫，而輕肆疑辨。當時遂成一「疑古運動」之大風波、大浪潮，瀰漫全國。可謂乃當時一新潮流，非新學術。新學術之興起，亦豈能如流水中一新浪潮之興起？兩者絕不同，亦不煩深論而可知。

胡適之新文化運動，除疑古運動外，尚有其他好多口號，如「打倒孔家店」、「廢止漢字」、「羅馬拼音」、「線裝書扔茅厠」、「全盤西化」等，風生雲湧，一時迭起。此皆一時潮流，於承先啟後千古常存之學術傳統不相關。當時學術無基礎，只能承襲革命前餘波，有所吹嘘。如墨子研究，則承襲孫詒讓墨子閒詁一書。其他孫氏尚有周禮正義一書，則並無人能再承襲，創新波瀾。

胡氏在美國之博士論文為先秦名學史。然開此路向者，孫詒讓以下，必推章太炎之國故論衡，以佛學、心理學、名學講諸子。其中最精采者，宜為墨經與荀子。胡氏既承此路向，回國後所著中國古代哲學史一書，稍有成績者，實皆承章氏來。胡適外，梁任公亦有墨經解詁一書，不能比章氏。

胡適又提倡以科學方法整理國故，重新抬高清代考據學家之地位，輕蔑宋、明理學。但在此一方面，當時眞有成績者，仍屬梁任公之清代學術概論與近三百年學術史兩書。胡適不能與之相比。

胡適又推舉王靜安為近代第一學者。王氏所著人間詞話、宋元戲曲史、金元史、甲骨文研究、紅樓夢研究等，皆近屬專門，非通學。其學術基礎皆植根於革命前亡清遺老。而王氏一旦得登前清遜帝宣統之師位，乃至感恩無地，頭上留長辮，最後終至投昆明湖自殺。此眞不愧為亡清一遺臣，又豈得為民初開國一學人？民國與亡清，孰當從？孰當違？國人宜有一定見。儻一依康氏保皇之說，孫中山先生又當為何如人？至於清代乾、嘉時之考據學，本屬反對清廷科舉，亦已早有一民族觀念貫注其內。余已在他處詳論之，此不再及。

顧頡剛在古史辨中，懷疑夏禹之實有其人，王國維有古史新證一篇加以矯正；此等豈得謂從西方科學精神來！胡適又提倡崔東壁，提倡章學誠，提倡戴東原；此等人物均已詳見晚清時代之國粹學報，此皆與西方科學思想無關。胡氏又因提倡戴東原，而牽涉到水經注問題。但對水經注研究有成績者，亦當推晚清之楊守敬及其弟子熊會貞，著有水經注疏證一書。顧頡剛與錢玄同則承續康有為新學偽經考與孔子改制考，於傳統諸說皆無深究。當時佛學研究主要者為支那內學院楊仁山及其弟子歐陽竟無，皆在革命以前遠有學脈可稽。皆可謂與西方科學無關。

自經「新文化運動」之號召，學術空氣若一時蓬勃，各地學社與雜誌與日報副刊，風起雲湧，一若極有生氣。所惜乃僅一潮流，並無眞學脈、眞道統、眞精神為之作中心，更談不到沈潛功夫。在當時只求普及，不能於學術之高深方面有貢獻。社會羣眾之運動與口號，空疎過激，絕不像一種學術研究。時代一過，則全成虛偽，全成空無。迄今以後，乃眞成為一「學絕道喪」之時代。此則誠一大堪痛惜傷悼之事矣。

新文化運動中，較有成績者，一為國語運動，其次為白話文運動，皆屬社會運動方面事，不屬學術研究方面事。所謂成績，亦在普及方面，不在提高與深入方面。而民國以來，社會運動之最大結果，又轉移為共產思想之傳播。

其次講到中央研究院之史語所。較有成績者，為考古與安陽發掘，及甲骨文研究。然可謂此亦由國際潮流來，並非能接觸深入到自己本國當前社會需要與時代要求。在整個學術體系中，論其實際之意義與價值，實並不占有一廣大與精深之地位；亦可謂分量極輕，影響極微，無補時艱，非「開物成務」之比。

此一時期學術界大病：

一、在截斷舊傳統。

二、為輕視前人成績。

三、為門戶之見。

四、為淺薄之時代論。

五、為學術與社會羣眾實際上乃分立而為二。

在當時學術上之對抗性，其所表演，乃為南京學衡與北平之新青年，北平國故與南京之新思潮。其重要對抗乃在中央大學與北京大學。但其主要讀者，乃為一般青年，易於接受無學術、無根柢之過激主張，不易接受較深沈、較富中庸性的學術理論。最可怪異者，此一時期之學人，乃無不發生其自悔之心情。如章太炎、梁任公、陳獨秀、錢玄同、顧頡剛、吳稚暉，幾乎無不皆然。而後生之對前輩，則不信仰、不尊重。亦可謂學術與一般人事脫離，而愈去愈遠。

故泛論革命時期以及五四運動以後，亦可謂並無學術成績，但有稍近似於學術風氣之流佈。如此下國家能得一長期安定，新學術或可萌芽。但不幸對日抗戰又接踵發生，流離中，學術萌芽更難繼續。余在抗戰時期中，曾與梁漱溟詳談其事，並勸其脫離政治糾紛，同在學術上有所努力。而惜乎梁氏告余，謂必待當前政事有解決，乃可退而安心講學。不幸抗戰勝利後，乃惶惶不終日，學術更何堪言。

今再綜言之。余之一生，上自前清光緒乙未，直迄今日，已經九十餘載。時代翻新逼人而來，乃更無一新學術堪相追隨。僅有一孫中山先生提倡「三民主義」，今日則亦已成為「政黨化」，而遠離了「學術化」。此誠吾國家民族之一大悲哀，徒堪供後人以嗟嘆，更復何言！

一九六四年十月、十一月、十二月，余曾對新亞研究所學術討論會作連續三次之演講，講題為「談、續談、再談當前學風之弊」。當時無錄音、無筆記，久已忘之。今檢理舊稿，偶得當年講演前準備之大綱。事隔二十餘年，已不憶當年如何講述。年老，腦力已衰，今亦無從再加發揮。惟思此題頗有意義，棄之可惜。僅將原來講演大綱敷為此文，聊供讀者參考。其中多重複語，不再删節。

一九八八年一月錢穆年九十四誌

（刊於一九八八年三月動象月刊十五期）

歷史與地理

一

今天所講的題目是：「歷史與地理」。

從前的讀書人，把地理當作是歷史的附屬。現在大學中設有的地理系，照性質來說，應該隸屬於理學院。我今天所講的地理，仍屬前一類。一個大學生應具有一些必須知道的地理知識，而學歷史的更必須兼學地理。我們學校到現在還沒有找到一位先生來擔任地理課，一因經費上無法容許我們找專人來擔任，二因不易找到理想的好教授。

今天我簡單地講一講學歷史的人應如何學地理，以及地理和歷史的關係究怎樣。學地理首先要懂得查看地圖，最先要注意「山川」，第二看「疆域」，第三看「都邑」，然後再從都邑回溯到山川；第四要注意「交通」。這些都是普通常識，只查地圖便知。若連這些都不知道，便不易懂歷史。

諸位在學校念歷史，一定要對上述諸項地理知識有一粗淺的概念。讀歷史讀到地名，一定要查看地圖。只是在香港，地圖不易得，舊的如大清一統圖，較新的如丁文江、翁文灝等所編中國地圖等，都不易找。但即有這些地圖仍不够，因仍不知古代地名所在。因此，我們又須知道地理沿革，這一層卻非常麻煩。

如我是江蘇無錫人，但我生在前清，也可說是金匱人。因在前清時，無錫、金匱是分縣同城的。如何有分縣同城的制度？那要牽涉到制度問題上去，此處且不講。但到民國後，分縣同城的制度取消了，於是金匱併入無錫，因此我只是無錫人。又如元代胡三省注資治通鑑，凡遇地名都注上。但他注裏所說的「今」，是指元代言。因此他注中所舉出的今地，現在仍不一定有。清代學者遂有通鑑地名今釋一書。但清儒的今釋，到我們此刻仍然是古的了。由此可知，要通沿革地理，其事甚不易。於是要看歷史地圖。以前都看清末楊守敬的歷代輿圖。此書不僅不易得，而且到現在仍感不適用。可見在這一方面，正待我們學歷史的人，繼續去下工夫。

我以前在北平教歷史，不僅備有普通地圖和歷史地圖等，又還備有郵政地圖及軍事地圖等，那些就更難得。又有許多特別應用的地圖，如此刻中共和印度相爭，那一方面邊界的詳細情形究如何，自必待參考地圖。古人說：「左圖右史。」而我們此刻又不能多備地圖，要來講地理，那就很困難。回憶在中日戰爭時，日本人用兵路線，有些處他們很懂得中國歷史上的戰爭經過，他們在此一方面占了許多便宜。那時我們一方，似乎反而對這些知識不如他們。那是深可慨歎的。

二

但我們只講查看地圖或地名大辭典等，這樣來求地理知識，只求能記憶，依然是死知識，沒有大用處。我們一定要把地理知識活用到歷史上來，由此而加深我們對歷史之瞭解。這問題更複雜。讓我就自己經驗再講一些入門方法。

諸位最好不要先有一存心，以為自己是學歷史的，或是學文學的，不關這一方面的書便不看。我開始能懂歷史地理，卻是從讀經學書入門的，因我早年曾用功讀過了皇清經解。

其中有一部閻若璩的四書釋地。他把四書地名一一查考。例如「子路宿於石門」，好像石門只是一地名，不煩探究。但閻書把此石門究在何處仔細考訂，因此這一章的情蹟，才得透露無遺，使我們因此獲得了很多新知識。我因讀了四書釋地，才懂得考據之學，才懂得地理知識之有用，才懂得如何在歷史上活用地理知識的方法。這是我要介紹的第一書。

第二部是胡渭的禹貢錐指。禹貢所講都是古代的山川疆域，而胡渭禹貢錐指卻不僅專講古代，更重要的在講述黃河在中國歷史上之重要演變。我們常以為黃河是中國之害，其實黃河在古代中國，有如埃及的尼羅河，巴比倫的兩河，印度的恆河，同為世界四大文明古國文化發源地的重要河流，應說黃河為中國之利才對。胡氏禹貢錐指把古代直到清代黃河歷次水患情形，以及各時代治河的意見與辦法，一一敘述。我在他書中獲得了甚大啟示。我在很早以前寫了一篇水害與水利的文章，當時很受一輩治史朋友們重視。後來寫國史大綱時，特有南北經濟與文化之轉移一章，中有許多創見，完全因我受了胡渭禹貢錐指的啟發。

諸位又莫以為，四書地名，黃河沿革，已經有人研究過，他們的書不值得我們再注意。當知做學問，最先便是要瞭解從前人的甘苦，和接受從前人的成績，否則便沒法再創新。諸位讀四書釋地、禹貢錐指，至少可把此兩書作為自己將來作新研究的示範。不看別人如何研究，便不能懂得自己當如何研究呀！

我要介紹的第三部是顧棟高春秋大事表。這本書將春秋二百四十年十二大國間之軍事、外交種種關係詳細說明，這中間全有地理背景。我讀了此書，始懂得關於中國北方黃河流域這一地區之山川向背、疆域形勢、都邑交通，種種地理方面之知識與當時歷史情態間的緊密關聯。諸位莫認為我正在研究歷史，且莫管地理方面的知識。諸位又莫謂我正在研究漢、唐、宋、明，且莫管春秋時代之一切。當知你若能懂得春秋時代，自有許多足以幫助你瞭解此下各時代的問題，在地理方面也如此。我所著國史大綱中有許多方面是講地理的，許多時代的史事都把地理背景配上作說明，最先是受此書的影響。

還有一部書，就是顧祖禹的讀史方輿紀要。此書不在皇清經解內。但在我幼時，此書似乎獲得廣泛的讀者，尤其是關於十八省之總論方面。但隨後讀此書的人便少了。當我在北平時，曾在某篇文章中講過。日本學人注意此書，這一意義之背景甚值得我們之注意。後來「九一八事變」發生，日本進軍侵略中國，有許多行軍方略，似乎正用此書作嚮導。我後來到昆明，在西南聯大授課，有一位畢業生要到江西前線去做隨軍記者，臨行時要我對他有些指示。我說：要做隨軍記者，該懂些軍事地理。他說他從來沒注意。我就指點他讀讀史方輿紀要。但在昆明買不到此書，因此我決心在下學期特開「中國軍事地理」一科。但我那年暑後臨時離開了昆明，此科終於沒有開。

我對地理知識乃在皇清經解中開始獲得了入門，已在上面講過。現在再講一本書，那是梁任公的歐洲戰役史論。此書在第一次世界大戰時。讀了此書，對歐洲地理可以獲得許多知識。此項知識，並多與歷史緊密相關聯。當然梁任公必是讀過如春秋大事表一類的書。因此，說到近代歐洲戰略地理這一類新知識，可謂在我們中國春秋時就有人懂得了。下至漢高祖，雖然和項羽劃鴻溝為界，但跟著從另外兩面包抄項羽；一面派韓信渡河側擊，一面派彭越在項羽後方搗亂，結果是劉勝項敗了。此下歷史上的兵爭，有大部分都牽動到全國的大局面；此類兵爭，均須知道有戰略地學之運用。直到清末，曾國藩湘軍和太平天國作戰，也有一套全盤戰略，都和地理形勢相配合。胡林翼在當時，曾特著了讀史兵略一書，為實際應用作參考。所謂讀史兵略，其實仍是一部地理書。而太平天國諸將不瞭解到這裏，所以終於失敗了。

我想諸位若亦能從上述諸書試加瀏覽，或可獲得從地理講歷史一個入門的途徑。

三

其次講地理，重要在能到各地去遊歷。

即如最近有「北京漫遊」的電影，中間介紹到盧溝橋。此橋如此著名，其實也不在它有如許多的橋洞，與如許多對石獅子。專論橋的建築本身，是不會瞭解到此橋的歷史意義的。我當年曾和一位同是學歷史的朋友親到盧溝橋去暢遊了整半天，我才體會到所謂「盧溝曉月」的意義所在。曉月到處可見，為何盧溝曉月獨能如此著名？因在清代，建都北平，全國政治知識分子，出京進京，絕大部分都須經過盧溝橋。出京時第一站，進京時最後一站，都得在盧溝橋住宿。一清早起程，那時的曉月，對中國一般士大夫知識分子心理上的影像，是特別深刻的。這正如唐代長安之「灞橋折柳」，雖和盧溝曉月時地不同，晝夜景色不同，但同有一番很深微很廣泛的情調，與此一時代之歷史，有內在相通之呼吸。舉此一例，可見我們要從地理來瞭解歷史，而求能獲得此兩者間一番深微內在、活潑生動的想像和意義，最好而且必然應從親身的遊歷去攝取。

近一百年來的中國人，心中只想去外國，絕少有對中國內地遊歷發生興趣的。我們說：「秀才不出門，而知天下事。」其實彼之所知，多少是不真切不確實的。近代的中國人，縱使他遍歷五大洲，但就其對本國言，則多少只是一位不出門的秀才。彼之所知，只是一秀才之知。因其不懂地理，所以也不懂歷史，不懂眞情實況。若使全國知識分子都如此，全對其國家民族之已往和現在無知識，這豈不是等於亡了國！現在我們躭在這地方，沒法到內地去遊歷考察，這還情有可原。可是從前在國內的青年，他們對於國內各地山川都邑全都引不起興趣，一心只想去外國，這亦是一件使人感到非常痛心的事。

又如諸位讀到唐初王勃滕王閣序，其中有「落霞與孤鶩齊飛，秋水共長天一色」等美麗句子，傳誦百代。但滕王閣在那時，所以如此出名，卻不就是為了王勃的文章。若我們要瞭解滕王閣在當時的地位和情形，我們就會考論到唐朝的文化、經濟、交通等種種情形。江西在唐時，是南北交通要道，行旅往來不絕，而滕王閣適當其衝。這就要牽涉到所謂「經濟地理」與「文化地理」之範圍。

若我們空講中國傳統文化，卻不明白文化地理之演變，如洛陽先在魏晉、後在北宋時都很重要，因其是當時文化文物的薈萃集中點。至於杭州、蘇州，要到宋以後才慢慢地像樣。而到清朝五口通商以後，上海遂成重要商埠，駕過了以前歷史上揚州的地位。又如今天的香港，其地位重要，又超過了百年來的上海。我們若不明白文化地理，也就不易眞明白文化歷史呀！

四

從文化地理再說到宗教地理。譬如問：為何自漢以下歷代帝王都到泰山去封禪？泰山並不是中國境內一個了不起的高山，泰山在宗教信仰上何以得此崇高地位？我曾親到過泰山，纔約略體悟到其中一部分之所以然。中國名山雖多，如江西廬山、陝西華山等，我都去過，纔知道這些山都不合帝王封禪使用。華山宜於道家住，廬山宜於佛家住，這裏面最好用地理知識去解答。

諸位如能讀酈道元的水經注，他書中記載著很多山川、都邑、名勝，以及在他以前的文化遺蹟。這對於學地理有益處，對學歷史同樣地重要。

在中國因其歷史演變久，每一地方都有其深長的歷史性，都有其豐厚的歷史遺蹟。即以山論，華山有華山的歷史，泰山有泰山的歷史，廬山有廬山的歷史。不僅在政治史、宗教史上有關，在藝術史、文學史上也有關。諸位各自的家鄉若能用歷史眼光去研究，便知都有其長遠的歷史，都有深厚的文化遺蹟存留。如我家在無錫之梅里，相傳自西周初吳泰伯避地來此直到現在，這一地方已有三千年可考可述的歷史了。有一部書名梅里志，幾乎把我家附近每一鄉村每一角落都裝進歷史裏去。我小時即很喜歡看這本書，因看這本書幾乎如讀三千年歷史，而此三千年的歷史又近在我家鄉呀！我想諸位各自的家鄉或多或少，或大或小，都有類此的情形。因此中國每一縣有縣志，每一省有省志。可惜中國各地志書此刻大部分多被外國人搜購去。但他們買了去，只擺在那裏，很少人眞能利用。而我們此刻在香港，要見這些書便很困難。我今天雖講了這許多話，也不能眞要諸位在此方面去用功，這也是痛心事。

現在我們姑且說，學地理可以幫助我們去研究歷史，而如能親到各地遊歷，更可發現許多為從前人所不注意的新問題。在地面上實有許多新鮮的歷史材料和歷史涵義，待我們去發掘和體會。即如藝術及建築等，便有許多要待我們去遊歷考察。因此不僅是普通史，即如各門專門史，尤貴有親切的地理知識。我曾這樣想：若有人能把全唐詩來分著地域作研究，其中也必有許多新發現。中國實是一個大國家，又歷史悠久。因此研究中國地理，最好是由分而合，四面湊合，絕不能由一人來包辦。諸位今天有志研究史學、文學，要做一個理想的、像樣的中國人，對中國的地理如何能不知道，此理極顯明。但闡發則話長，姑此發端，以待諸君將來去努力罷！

（一九六二年十二月七日在香港新亞書院歷史系學術講座講。刊載於一九六三年三月二十二日新亞生活雙周刊五卷十七期。）

我如何研究中國古史地名

我近年來的講演，前後共約十篇，差不多都講的做學問之方法。我曾出版了一部書，取名學籥，意為做學問的鑰匙，即學問之入門。其中有兩篇較重要的文章：一是朱子讀書法，一是近百年來諸儒論讀書。盼諸位再取細讀。今天我只想作一些隨便談話，臨時想要講我自己研究中國古代地理之經過。

民國十二年時，我在厦門集美任教。課暇，讀船山全書楚辭通釋至九章抽思「有鳥自南兮，來集漢北」句，船山注曰：

此追述懷王不用時事。時楚尚都郢，在漢南；原不用而去國，退居漢北。

當時余驟讀此注，甚為詫愕，乃知屈原實曾居漢水北岸，為史記所未及，亦似為前人所未道。此一新知，深印我腦中，使我發生興趣。從此推演引伸，在我心中盤桓有七年之久。乃在民國二十年，寫出楚辭地理考一文，發表於清華學報。此文重要部分，後皆分別增入我先秦諸子繫年一書中。而我對屈原生平，醞釀出一極大翻案，即謂屈原行蹤，根本未到今日湖南省之洞庭湖。彼之一生，其實只局限於湖北漢水流域。為此問題，曾招來多人之駁辯，但我至今仍信此說不可搖。

為此問題，首先注意到洞庭湖之地位。據顧棟高春秋大事表所述楚國疆域，實未嘗到達長江以南。即到戰國屈原當時，楚人重要據地仍在湖北。我乃注意到楚辭中之「洞庭」二字，使我發現一新開悟。因我是江蘇人，在蘇州太湖中有洞庭山，而續古文辭類纂所收吳敏樹一文，曾講及古時傳說湖南洞庭湖水，乃由地下潛通至江蘇太湖之包山，故包山亦名洞庭。其說實非始自吳氏，而遠有來歷。而由此使我注意到古史上異地同名之一事實。

異地同名，其例甚多。如近代英國因移民關係，而英倫三島之地名，播遷至美、加、澳三處者，多不勝舉。在我家鄉無錫，有一鎮名東亭，一鎮名蕩口。東亭為大族華氏世居，小說中有唐伯虎三笑點秋香，其時華家即居東亭。此後華氏有一支遷至蕩口，於是蕩口鎮上之地名，頗多與東亭鎮上相同者。如東亭有楊樹港，蕩口亦有楊樹港。東亭有賣雞橋、賣魚橋，蕩口亦然。其他兩鎮地名相同者尚多。此蓋華氏族人由東亭遷至蕩口以後，即以東亭之舊地名來作蕩口之新地名。我幼年居蕩口鎮，因此種種，使我領悟地名遷徙之背後，尚有民族遷徙之蹤跡可尋。由此想到中國古代甚多異地同名，其中實暗藏有民族遷徙之蛛絲馬迹。此一開悟，使我治中國古代史，獲一新領域。

我常想，研究中國古代史，如講年代問題，當自春秋以下始見重要。若上溯之，春秋以前，年代問題實不太重要。如在西周初年，周本紀、魯世家所記年代不甚清楚。商以前年代更不清楚，而且也無法定要考究得清楚。因就曆法言，每隔三四百年，天文現象上，即可有一約略相似之小循環。而如歲差問題，每隔八十六年便當錯一次。古人曆法本就粗略，我們根據後代精密之計算，來推論前人粗略之記載，有些處便根本靠不住。好在在古史上，隔了三幾百年，人類歷史還是那樣，既無甚大事迹可稽，亦無甚大異同可辨。因此講中國古代史，我認為年代問題，實不太重要。

若說到古史人物，都由傳說來，隔幾百年有一大人物，而相互間亦不見有甚大差別。我常說，中國古史人物，須從西周初年周公開始，纔可有較具體較詳細的可信敍述。

因此我想治中國古代史，民族問題或較值注意。但此事實難下手。因中國古人似乎並沒有很深的民族鴻溝存在其觀念中，因此無論是傳說或記載，對此方面，皆甚模糊忽略。我認為從民族方面去研究，或是一條路。但我在此上，並沒有化大工夫去作深入的探究。

其次在研究中國古代地理，或可為古代民族遷徙尋出一條路。我為注意異地同名，纔發現出一項通例。原來地名初起，都只是些普通名辭，後來纔演變成為特殊名辭的。如爾雅釋山、釋水兩篇之山名水名，本都有意義。換言之，亦可說其本都是普通名辭。如「霍山」，爾雅釋為「大山宮小山為霍」。「宮」乃圍繞意，四周大山，圈圍一小山。如此類型之山，皆可稱「霍山」。故安徽有霍山，其後湖南也有霍山。正因山形相似，故山名亦相同。洞庭之「庭」字，本義乃是門堂間通路；「洞」是穿義。湖南洞庭湖水是否確自地下潛穿至江蘇之太湖，此乃傳說，不足信。但即就今之洞庭論，湖水漲時，一片汪洋；及其淺落時，陸地浮現，分別成甚多小湖。古人可能在其湖水淺落成為多湖時，認為地下水脈，仍必相通為一湖，故名之曰「洞庭」。江蘇太湖，本名五湖，因此亦有洞庭之稱。

再進一步論之，必是湖南先有洞庭之稱，隨後其名乃移用到江蘇來，而從此又生出兩地水脈潛通之傳說。循此意求之，如我家鄉無錫之惠山，又名九龍山。九龍山之名，到處有之。如此刻我們在九龍，本即係由山名轉為地名的。連山橫亙，即可稱之為九龍山。又如湖南之南嶽衡山，衡者橫也，凡山形橫列，皆可稱衡山。故衡山決不止專在湖南始有，河南亦有衡山，便是其證。我在北平時，曾遊妙峯山，此山為北方聖地，每年朝山進香，甚為盛事。我登此山，八里一程，凡越七程，愈攀愈高。直至第八程，卻反向低趨落，始見中為一小山，外面四界都是高山圍拱。因此我纔悟到「大山宮小山為霍」之眞義。其實妙峯山亦即是一「霍山」，故得成為一聖地。惟霍山之名先起，而且已不止一處有此山名，故北方人呼此山，不再稱「霍」，而隨俗稱之為「妙峯」了。

再推此求之，如江西之彭蠡湖，「蠡」是螺旋義，「彭」是大義。上游長江匯納漢水，水勢灝渺直下，遇水漲時每倒灌入彭蠡；彭蠡成為長江一大蓄水池，水勢到此甚急，每激盪成大螺旋，故此處水名「彭蠡」。但在淮南子書中亦有彭蠡。據我考訂，淮南書中之彭蠡，乃指黃河之風陵渡一帶而言。可知凡水勢迴旋成大螺形處，皆得稱「彭蠡」。但後來彭蠡成為江西鄱陽湖之專名。若我提起中國別處也有「彭蠡」，別人聽了，反覺是在故意發怪論。

我因此推定，楚辭中之「洞庭」，實應在今湖北省境。國策中又有「長沙」一名，其地亦應在河南或湖北境，而非今湖南之長沙。其實依字義求之，只要此水沿岸緜延著很長一帶沙地，即得稱長沙，何必定在湖南始可有長沙呢！

最難講的，卻是「屈原沈湘」的「湘水」之原義。詩經采蘋「于以湘之」，此「湘」字訓「烹」，水在鍋中烹，就沸騰了；可見湘亦即水沸義。「襄」字與「相」字通，可知「瀼」字亦與「湘」字通。尚書「浩浩懷山襄陵」。遇水勢盛漲，騰駕直上，便像要懷山襄陵。此水可名瀼水，亦可名湘水，省去水旁，即可作襄水。襄陽在漢水之北，漢水之南則為襄陰。王莽時改地名，「襄陽」改作「相陽」。可知湘水即襄水，而襄水亦即今湖北之漢水。

但漢水之「漢」字得名又將作如何講？所謂「河漢」，「漢」本指天上之水，所謂「天河」，「河」則指地下之水。甘肅省有天水縣，即漢水之發源地，此在唐書地理志中有明證。何以謂之天水？因此地水漲時，浩浩沸騰，其來勢甚為急驟，若來自天上，故稱漢水。闡釋至此，可知漢水即襄水，亦即湘水。屈原居於漢水之北，郢都即在今「宜城」，為秦楚大戰之地，水經注中載此頗詳。其地名「鄢郢」，因附近有一鄢水。其後楚人遷至安徽，其都城仍名郢。戰國時，楚人大量東徙，卻無大量南移之證。故知屈原實並未到今湖南之湘水。當然戰國晚年，亦有不少楚人南至長沙湘水流域者；地名隨之遷徙，而故事亦隨之遷徙。於是屈原沉湘，遂若確在湖南境，而我楚辭地名考所論，又若轉成為一番怪論了。

我因此又得一通例，即地名遷徙，必係自文化地區遷徙至偏遠地區者。而文化地區之舊名則漸為新名所掩沒，後人只知有新地名，忘了舊地名。而偏遠地區則因文化低落，較少變動，故此新地名反得保留常傳。故今湖南仍有湘江之名，而湖北境內湘江舊名反見淹沒了。

余為此一通例，又作其他之考訂。如西周初年之自「豳」遷「岐」，後代皆認為豳在陝西，但遇甚多講不通處，歷來爭辯，終無定論。我曾詳讀由戴東原所編修之山西通志，始寫了一篇周初地理考，確定「豳」字本作「邠」，原在山西汾水邊。水名為「汾」，地名則為「邠」，在山西境內。此項地名遷徙之例極多。如晉國都城本應在晉南，並不在晉北。顧亭林曾親遊山西，在其日知錄中辨此甚詳。我讀山西通志後，乃知周人其初乃自山西渡河西遷而往陝西。如今詩經豳風七月之月令乃屬夏曆，此即山西人之傳統曆法。故豳風中所描述一切天文氣候農村情況，移至陝西，便不適合。此問題與楚辭地理問題，同為余研考古史地名之大發現。余至今仍深信不疑，認為尚沒有眞能推翻我說之新材料或新證據，能為余所接受者。

稍後我又寫成黃帝地望考一文。黃帝乃中國古史上傳說中最偉大之人物，傳說中有黃帝與蚩尤戰於涿鹿之野一節。後人皆說涿鹿在懷來。我甚懷疑黃帝何以能遠迹至此與蚩尤作戰。又傳云「黃帝西至崆峒」，其實莊子書中黃帝所到之崆峒應在今之河南境。我因疑黃帝與蚩尤作戰之涿鹿，應在今山西南部解縣之鹽池附近。我又自黃帝推講到古代三苗，寫成古三苗疆域考一文。在戰國策中，吳起嘗提及三苗疆域，「左彭蠡而右洞庭」，因此我推定吳起口中之彭蠡、洞庭亦皆在黃河流域，而不在長江流域。其他像此類的考訂，此刻不再多舉。

我本欲將此許多篇論文彙集付印為古史地名論叢一書，後因抗戰軍興而中輟。民國二十八年，在抗戰期中，為奉養老母，我曾返蘇州，閉門讀書一年。日長無事，欲對古史地名作一綜合之研究，耗時一年，寫成史記地名考一書。但因我匆匆離開蘇州，從香港飛重慶，此書之序文與編纂例言尚未及寫，而將原稿交予上海開明書店付排。抗戰勝利後，開明已將全書排成清樣，我又要回來，在不改動頁數之可能下，稍稍改訂了幾條，惟仍未刊行。去年大陸將此書以開明編譯所名義出版了。但此書中，已將我凡屬關於古史地名之不少創見，通體以極簡淨的斷語寫進去。我本預備將來以此書與古史地名論叢兩書相輔並行，此刻我的論叢各篇還未能彙集付印，則史記地名考中所收那些結論，只是短短幾句的，便眞像是無根據的怪論了①。

而且我編著此書，在體例上，也是別具一番苦心的。現在他們把我此書印出，而沒有我的一篇例言，來說明我編排材料之體例，則將使讀我書者，徒然枉費工力，而摸不到此書之綱領及重要關節處。若僅當一部材料書來作臨時之檢查用，那就把此書之主要貢獻及其意義價值所在，將會全部埋沒了。

至於我編著此書之最先動機及其詳細經過，像我此次講演所提及的，只是其前一半之節略。有關

① 編者按：史記地名考一書，一九六六年作者已補作一序，說明編纂大意及本書體例，並附地名總目、地名索引各一卷，交香港龍門書店印行出版。

正題的後一部，我尚未在這講演中提到。至於我編成此書後，對中國古史方面有何重大闡發，此等均該在書前有長序作為交代。現在他們只偷取我的原稿，抹殺我的名字，胡亂出版，眞是學術界未有的荒唐事。只因我現在事冗，而且我的興趣對於古史地名方面的，自成此書，即已擱置，不曾繼續理會。只有待我稍得清閑，重新提出我的舊興趣以後，始能再行落筆了。

現在我只提出一點來使大家注意。當知此一部史記地名考，實是一部有甚深背景的專家著述，決非只是抄卡片、集體編排所能完成。諸位讀此書，也須懂得像讀我的先秦諸子繫年般，千頭萬緒，互相關聯。只是在體例的外表上，好像只是一堆材料，因而使此書更難閱讀。總之，要讀我此書而能消化，獲得其眞意義眞價值所在，則非俟我的長序與例言寫出，恐不易為一般讀者所企及的。

（一九六三年十月三日新亞研究所第五十三次學術演講討論會講，刊載於一九六四年七月香港新亞生活雙周刊七卷五期。）

李源澄秦漢史序

昔章實齋文史通義論史法，有記注、撰述之分，謂：「撰述欲其圓而神，記注欲其方以智。智以藏往，神以知來。記注欲往事之不忘，撰述欲來者之興起。故記注似智，撰述似神也。藏往欲其賅備無遺，故體有一定而其德為方。知來欲其抉擇去取，故例不拘常而其德為圓。」斯言也，可謂已盡史學之功能矣。今代西方史家有現實史觀與歷史史觀之爭。主現實觀者，謂歷史貴能為吾人瞭解現實之助；此所謂新史學家者率主之。其較篤舊者，則謂歷史記載應重當時，不為後代；此即所謂歷史觀也。竊謂此二者，在中國殆已不成爭點。歷史觀即略當於章氏之所謂「記注」，藏往似智。現實觀即略當於章氏之所謂「撰述」，知來似神。記有之曰：「疏通知遠，書教也。」夫使徒知有古而不能通於今，此王充之所謂「陸沈」。彼人與事，皆已往矣，徒事記誦，又何貴乎有此史學乎！然使記載既不足以藏往，復何資以知來？苟使今之撰史者，其意徒為供今日一時之用，則年馳月騁，事運而遷，今日之記載，轉瞬將成他日之廢紙，史態已失，渺不再得，後之人將何從而復藉以為瞭解其現實之助？故知無藏往之智，斯不能有知來之神。而苟非能有知來之神，亦不貴有此藏往之智。二義互成，固無煩乎分派而爭也。

論國史體裁者，率分編年、紀傳、紀事本末三類。紀事本末原本尚書，編年遠祖春秋，紀傳則自史記、漢書以下，所謂歷代正史是也。本章氏之意，則編年、紀傳二體，皆有例可循，近於記注之方以智。而書體因事命篇，初無定法，近於撰述之圓而神。故自尚書之變而為春秋，春秋之再變而為史、漢，正史之逐步謹嚴，亦史法之逐步完成也。何以言之？夫史以記事，則書體自其太璞。然事變錯綜，不可方物，使一事而十人記載之，可以十異其面目矣。惟加之以年經月緯，斯其事之始末演變，差易近於客觀。故編年者實紀事本末之記注化，亦即紀事本末之方形化也。若更進而求之，則事由人造，一事之興，參預其曲折者，常十百其人焉，僅就其年月先後為之排比，猶恐不足以盡其事變之眞態；乃進而就其事變中之人物而逐一記述之，夫而後一事之首尾表裏正反縱橫，乃始更臻於客觀。故紀傳者，又編年與紀事本末之記注化，亦即編年與紀事本末之方形化也。凡所以不憚煩勞，必人人而傳之，亦惟以期其更能善述乎事變之眞態，與夫善盡乎藏往之職能而已。藏往之職能既盡，斯史家之功效已畢，而後之人亦可憑藉以得其知來之用，此中國史學方圓兼盡之極深妙意之所在也。故尼山春秋，龍門史記，若繩之以章氏之論，皆撰述之至圓而神者也；而其用心之所重，則轉不在圓而在方，亦惟曰：我僅求其更能盡夫記注藏往之職能而已矣。斯固史學家所不可或背之宗旨也。

夫史家間世而一出，而記載則不可一日缺。惟其例愈嚴，體愈方，凡其愈足以資中人之取法，而可為藏往之具者，而後其書乃愈足以行遠，而為後世之所師效。故自史、漢以還，紀傳一體，獨為中國歷代之正史，後人踵而勿易者，良有以也。今若以西國史書較之，則彼所盛行者，厥惟紀事本末一體；若編年、紀傳，則殊未足與中土相擬。彼亦未嘗無編年、紀傳也，然要以紀事本末為之主，而特融二體以副之。反之在中國，則融紀事本末於編年與紀傳之二體中。一尚圓神，一尊方智，其演進之異軌，有確然不可混者。故西方雖亦有編年史書，然以較中國自春秋以來歷二千載，年分月繫，勿缺勿亂，則彼固瞠乎其後矣。又況中國史官，有「日錄起居注」之類，方事變之未兆，彼固已按日而筆之矣。其為藏往之密，凡以求其近客觀而為方以智者，有如此。以言傳記，西方頗有長編巨製，又率以一人而包綜一時；此亦變相之紀事本末也。若欲為客觀藏往，則以一人傳一時，固不如分以眾人傳一時之為勝。今人喜追步西方，乃亦效為秦皇、漢武作長傳。然秦皇、漢武之事蹟，其功罪是非得失之所在，史、漢成書，固已羅著靡遺矣。惟不專繫之於秦皇、漢武之身，乃分而見之於秦皇、漢武並世之諸人。羣山萬壑，旁見側出，驟視若博望侯之初入西域，不易得其要領；然此正史家謹嚴，力求客觀之深意所寄也。故自東漢以下，雖私家碑傳盛行，及於唐代如李鄴侯，宋世如韓魏公，皆為一人作長傳，積書數卷，積字數萬，用力至勤矣；顧後之史家，卒不循以為準則。宋後代「家傳」而起者，乃有「年譜」一體。此反以傳記屬諸編年，仍是側重藏往方智之意也。苟不明此，將何以衡量我先民歷古相傳之史業哉！

然事有不可以一端盡者。抑嘗論之，中國之最可誇耀於並世者，固莫史學若矣。然而積至於今，藏往愈富，知來愈惑。物極必反，道窮則變。章氏先矚，彼已教人曰：盍不求尚書未入春秋之初意。

自西學東漸，世變日亟，人事日繁，編年、紀傳浩瀚不可猝究，於是人自負以撰述，家相鄙為記注，治史者競趨新軌，皆務望為疏通而知遠，惟求其圓而神，而不悟「知來」之必基於「藏往」，「圓神」之必本於「方智」。若由今之道，無變今之俗，竊恐他日史學將絶，而往古史跡，亦且日廢。矯枉而過其正，輕侮前人而不深究其底裏，其勢則未有不至於是者。

今試變通章氏之意而説之。夫撰述之圓而神，固非盡人所冀；抑欲為鑑古知今，則亦誠讀史者之所有事也。夫史之藏往，歷千古而不變；而讀史者則與時而俱新。故宋、明人讀漢史，其所見已異於唐人。清人讀之，又異於宋、明。今之人復將異於清人。抑且同時之人，亦不妨其互異。斯其所以為圓而神也。昔蘇東坡教人讀漢書，分數番讀之。先讀其典章制度，次讀其文章風采，讀之久且熟，必恍然有所見矣。今若以一代之人，分工合作，以效蘇氏之所為，則圓神知來，讀史者固撰史者之先驅也。使今之人肯稍謙以自處，自居為讀史者，曰：我以為撰史者之先驅焉。則於今日藏往之史，必不汗漫忽視若不屑；則庶乎有深知其意者出乎其間，而後乃有當於撰述之圓而神者也。

余學無塗轍，中歲以往，始稍稍知治史，於遷、固之書，幸而薄有所窺見。往者謬膺北京、清華諸校講席，授秦漢史，草為講義，及新莽而止，其下未遑續稿。閟之篋衍，逾十餘歲矣。今年春，李君浚清自灌縣山中來，出示其新著秦漢史一編。讀之，有幸與鄙見相合者，有鄙見所未及者。私自忖之，浚清其殆今之所謂善讀史者耶！其書則亦章氏之所謂圓而神之類也。浚清將以行世，而索余為之序。余謂讀浚清書者，姑亦如蘇東坡之所謂，聊當又是一番讀遷、固書可也。若汗漫忽視遷、固書若不屑，則亦不足以讀浚清之書。因拈章氏論史之意而序以歸之。

民國三十五年二月錢穆序於成都之華西大學

古史摭實序

學術隨時代而轉變，一時代則有一時代之風尚。方其風尚初興，羣趨共慕，爭先恐後，若非此無以為學問，亦非此無以成績業。逮其風尚之既衰，則相與掉頭卻步，趦趄而不前矣。先秦有諸子，兩漢有經學，魏晉有清談，南北朝有繙譯，隋唐有禪，宋明有性理，清代有考證，何一而非然者。今日者，舊轍已迷，新軫方遙，風氣鼓盪，尚未臻成熟之境。然一時意氣之所趨嚮，則亦有可得而言者，厥為材料之重視。曰：必有新材料而後有新學問。此說也，一二人唱之，千百人和之，亦幾乎成一時之風尚矣。鄙意於此，竊有疑焉。夫為學人之新材料者，莫過於其當身之時代。時代變，斯需要變；需要變，而學人之心思目光，宜亦隨而無不變。故誠能深入時代之淵海，則其周身所遭遇之材料，無一非新。否則昧乎時代之變，而徒求材料之新，豈不亦淺之乎其所謂新哉！

抑尤有進者。今日之日，猶是昨日之日也，而光景常新，無害其為變；此一說也。年運而往，而宇宙常此宇宙，天地常此天地，無害其為恒；此又一說也。學者之心胸，貴能明乎「變」，又貴能通乎「恒」。先秦之諸子，其學變矣，而其卓然成家者則恒在也。兩漢經生之章句，其學變矣，而其篤師傳而尊家法者，則恒在也。魏晉之清談，其學又變矣，而其高標致而敦性眞者，則恒在也。南北朝之繙譯，隋唐之禪，宋明之性理，清儒之考證，居今而言，凡其所以為學者，固已無不變，而亦各有其恒在而不變者。學者非大其心胸，有以匯百代之洪流，而汲汲焉務於自掘一坎之井，俯焉仰焉，斟焉酌焉，曰：水也水也。此固無人焉而可以謂之非水，然而觀水者，將何趨而何往耶！

余友施君之勉，早歲遊上庠，適當學術風氣轉變之候，而猶獲晉接於一時之巨人長德，有以上窺前世學者之榘矱。中歲以病自放，教課之餘，常杜門不接人事，而潛心於學，數十年如一日。其造詣之卓，體悟之精，雖素所交遊者，有不盡知。獨余與施君，以邑人，又少同學，過從最密。日常之談論，函牘之往返，自謂知施君最親。余性好泛覽，學不能專，得一書，往往不數日即易去。而施君則沉潛反復，優游浸漬，醰醰乎探之而愈新，愈咀而若愈有味，而忽忘其年月之已多也。余氣盛而心躁，不耐久坐，讀書未終卷，輒出門行步，遇佳風景，每流連郊野，竟日不歸。而施君，無論昕夕晴雨，必掩戶默坐，室外不知室中之有人也。余好議論橫出，縱興之所至，果於斬截而傷於快，又自嫌其粗疏而少精。而施君則循循乎言必有繩尺，款款乎意溢於辭外，絕不作游談浮辨；樸而有光，簡而多致，其周摯懇篤之情，抽之而愈出，引之而彌不竭。故余喜言：施君吶吶若不欲言，而余遇施君，每不自覺其言之絀也。抗戰軍興，余與施君，皆流轉入蜀。余不能平，時時激而為政論時評，播諸報章，又演說之於疇人廣眾。以其間凡再三見施君，施君獨恂恂不變其故常，居重慶南岸界石一窮村矮屋中，驟見若不堪以卒日，而施君顧悠然曰：「邇來體況幸稍健，又尠人事，薄有撰述。」每得一篇，必端楷郵以示余，曰：「他日稍積累成卷帙，子當為我序之。」蓋施君居常絕不為文，其有撰述始此，則已年垂五十矣。其蘊之愈厚而發之愈淡者如此。而讀之蕭然，乃絕不見毫髮身世之感影響其筆墨間。嗚呼！是豈不確然古之所謂醇儒耶？

兩年來，余與施君同歸無錫，又得時相聚。施君來督序。余曰：君之書，殆余常所謂能從舊材料發新光輝，而不追隨於近世之徒求材料之新，以為學術惟一資地者。故君之論古史，其所運用之材料，以今人目光視之，皆所謂舊材料也。然校其所得，轉視近人之運用新材料者，有推陳出新之功。如殷亳考、殷人兄弟相及質疑之類是也。然則學問識解之新舊，其果專繫於材料否耶？又君之書，殆又余所謂明乎變而通乎恒者。凡君書中之所討論，雖曰專門，限於古史；然自書中首篇中華國名解以下，凡所提出之問題，何一而非今日新起之問題？然君之書，誠自能平章學術之君子衡而量之，則近言之，固儼然清儒樸學之規模也；遠溯之，則停蓄淵閎，胎息根柢，不名一世，固非嫥嫥焉自媚於一時代之風尚以為好者也。然則讀君書者，苟非具超觀曠覽之姿，不為一代風尚之所束縛，余竊恐其未足以窮君之學之所際極也。至於讀其書想見其為人，余辱在友好之末，固不可以無一言。以為世有知言君子，必將怳然有會於斯也。是為序。

中華民國三十六年五月五日錢穆序於無錫之江南大學

《錢穆作品集》（典藏本）

第一輯

孔子傳
論語新解
四書釋義
莊老通辨
宋明理學概述
陽明學述要
學籥
人生十論

第二輯

中國思想史
中國歷代政治得失
中國歷史精神
中國歷史研究法
中國史學名著
秦漢史
國史新論
讀史隨劄